Dominique Milherou

111 Lieux à Marseille à ne pas manquer

111

emons:

MIXTE
Papier issu de sources responsables
FSC® C043106

Crédits photographiques : © Dominique Milherou sauf
chap. 27 © Localanque ; chap. 29 © Expo collective EMANCIPATION
AXEL VOID et L.E.O ;
chap. 35 © Jean-Claude Mosté ; chap. 60 © Jean-Charles Verchere ;
chap. 70 haut © Musée d'Histoire de Marseille, Agence Saluces Design,
bas © Musée d'Histoire de Marseille, Claude Alomodovar ;
chap. 111 © Zein
Mise en page : Eva Kraskes, d'après un concept
de Lübbeke | Naumann | Thoben
Cartographie : altancicek.design, www.altancicek.de
d'après OpenStreetMap
Impression et façonnage : Grafisches Centrum Cuno, Calbe

Achevé d'imprimer en 2023
2nd édition
Dépôt légal : mai 2023
ISBN : 978-3-7408-1968-2

Avant-propos

C'est l'histoire d'une rencontre inattendue, un coup de foudre violent entre un immigré cherchant une vie plus douce et une terre d'accueil que l'on évoque trop souvent par des raccourcis racoleurs : kalachnikov, ballon rond et taux d'ensoleillement. Et comme dans tout récit passionné, on y trouve du désir, du plaisir, mais aussi parfois de la rage et de la frustration. Marseille est ainsi, improbable, insaisissable, gravée dans la peau pour les uns, détestée par les autres. Une cité à part, complexe, où s'entrechoquent en permanence les sentiments, car ville écrin d'un peuple multiple, un territoire gigantesque à la fois urbain, rude, chaotique, minéral, mais aussi doux, lumineux, marin et rural. Un puzzle de 111 quartiers parfois fracturés et même effacés par une urbanisation brutale d'où émergent des lieux exceptionnels, miraculeusement préservés.

Écrire un livre sur Marseille m'a d'abord effrayé – et je le suis encore : en avais-je la légitimité malgré mon blog qui résulte de milliers d'explorations réalisées en 10 ans ? Mon cœur est à Marseille, mais pas mes racines. Mais les encouragements d'une historienne du cru – « Fonce, partage ton amour ! » – m'ont convaincu. Ici, ne cherchez pas la Bonne Mère, le Mucem et les spots les plus instagrammables du moment. Vous vous demanderez même probablement « Pourquoi ? » à la vue d'une ruine jonchée de déchets ou d'une façade sans faste. Ce récit a la volonté d'évoquer les multiples facettes de Marseille en clair-obscur, de la dévoiler du sud au fameux nord, là où la rumeur dit à tort de ne pas aller. Sans prétention et sans clichés, il vous propose des lieux anciens, nouveaux, sales, grandioses, que l'on croit connaître, où l'on passe indifféremment tout en revenant sur certaines légendes locales – vrais ou fausses, n'est pas historien qui veut ! Ce guide est probablement né avec la seule volonté de clamer haut et fort à l'encre noire « Marseille, je t'aime ! »

111 Lieux

1 1, 3, 5 boulevard Eugène-Pierre

Le mur des Lamentations de Turcan

« Merci les soignants », « Nos vies, pas leurs profits », « Pas de retour à l'anormal »… pendant le confinement lié à la crise du coronavirus, de nombreuses façades de « trois fenêtres » et autres immeubles marseillais se sont parés de banderoles bienveillantes ou revendicatives. En 1847, Dominique Turcan a lui aussi décidé d'afficher au grand jour ses opinions, en les gravant sur les façades du 1, 3, 5 boulevard Eugène-Pierre !

Ces messages pleins d'ironie étaient destinés aux architectes et aux sculpteurs de son époque, reflet de son amertume sur la non-reconnaissance de sa profession de maçon tailleur de pierre, alors que lui aussi savait bâtir des immeubles. Celui-ci en est d'ailleurs la brillante démonstration avec ses façades très richement ornementées !

Originaire de Cucuron dans le Luberon, Dominique Turcan acquit ce terrain en 1846 pour y bâtir cinq maisons mitoyennes. Les sculptures sont pleines de malice et très révélatrices des pensées de leur créateur, que ce soit le buste de Turcan lui-même, fumant la pipe d'un air désabusé, ou bien la cariatide fâchée, revêtue de la peau du lion de Némée, bras croisés et refusant de porter la corniche qui la surplombe. On peut également lire gravé dans la pierre : « Tipe d'architecte sachant tout faire même sans diplôme », et plus bas « artiste statuaire » (« ayant rêvé de l'être »). Deux petits singes représentant l'» artiste célèbre » et l'« artiste inconnu » entourent la figure symbolique de l'architecte. Ils y côtoient les bustes de Léonard de Vinci et Michel-Ange, deux figures de l'artiste complet dans toute sa splendeur. Une grande frise présente un atelier de sculpture où règne le chaos, un professeur absent et des élèves en venant aux mains ! En 1848, la crise économique eut raison de cette propriété engagée et de Turcan, mis en faillite. Elle fut vendue aux enchères, entraînant l'entrepreneur dans une très grande précarité. Des siècles plus tard, elle affiche encore à la vue de tous les rêves et les désillusions de son créateur.

Adresse 1, 3, 5 boulevard Eugène-Pierre, 13005 Marseille | Transports en commun Tram T1, arrêt Eugène-Pierre ; Bus 52/509, arrêt Roosevelt-Devilliers | À savoir À quelques mètres de là, au 2 impasse Croix-de-Régnier, se trouve l'atelier maison de l'architecte Gaston Castel, une création de 1924 très innovante pour son époque. Classée monument historique, elle est parfois – mais très rarement – ouverte à la visite par ses actuels propriétaires.

2 15 cours Joseph-Thierry

Trésors (cachés) Art déco

Le cours Joseph-Thierry est à la frontière architecturale entre deux époques, la fin du XIXe et le début du XXe. On y trouve côte à côte des immeubles de style haussmannien aux riches ornementations et des immeubles au design Art déco, fait de rigueur, de symétrie et de pierre de taille sans aucun effet pittoresque. L'un d'eux, le n° 15, avec sa façade austère couleur crème, ne se démarque nullement, éclipsé par ses voisins au luxe ostentatoire ; il renferme pourtant quelques pépites !

Ce bâtiment a été érigé en 1929 par les architectes Lafon et Sénès. Ce dernier, qui fut lauréat de la Société centrale des architectes en 1898 et grand prix Rougevin en 1900, était ni plus ni moins l'architecte en chef de la ville de Marseille en charge du projet de construction du monumental escalier de la gare Saint-Charles, inauguré en 1925. Cette pointure de l'architecture pouvait-elle se contenter d'un immeuble tout en sobriété sur le cours Joseph-Thierry ? Un élément de réponse se dévoile dès l'imposante et très travaillée porte d'entrée en fer forgé. Mais c'est en pénétrant dans la bâtisse que se révèlent de petits trésors inattendus. Le hall arbore de très belles mosaïques, dont l'une représente une fontaine antique tapissée de fleurs bleues et survolée par un phénix multicolore. En remontant l'escalier apparaît une superbe triple verrière, aux sujets plus contemporains, sur les thèmes en vogue des années 20-30 : l'automobile, la navigation maritime et l'aviation.

D'autres éléments Art déco sont à admirer lorsque l'on se balade dans le bâtiment : une lampe, un miroir hexagonal ou encore un bas-relief représentant une figure mythologique grecque qui pourrait bien être un satyre, flanqué de ses cornes de bouquetin et jouant du tambourin. L'immeuble qui a compté dans ses habitants le célèbre « médecin d'Égypte » Clot-Bey, distingué pour son travail dans le monde entier, est une résidence privée mais il héberge de nombreux cabinets médicaux, l'occasion de soigner sa santé et son goût de la belle architecture… cachée.

Adresse 15 cours Joseph-Thierry, 13001 Marseille | Transports en commun Tram T2, Métro M1, Bus 49, arrêt Réformés-Canebière | Horaires d'ouverture L'immeuble ne se visite pas officiellement, mais en sonnant au cabinet médical du rez-de-chaussée pendant les heures d'ouverture, la porte s'ouvrira automatiquement et vous permettra d'admirer les lieux, avec discrétion et respect | À savoir L'escalier de la gare Saint-Charles, autre œuvre de Sénès, n'est qu'à 10 minutes de là. En chemin, faites une halte au 23 rue de la Grande-Armée : l'église de la Dormition-de-la-Vierge est la plus vieille église orthodoxe de France et elle présente une importante collection d'icônes du XVIIIe au XXe siècle.

3 L'Après M

Venez comme vous êtes… solidaires !

Forbes, le *New York Times*, *El Pais* et même la presse chinoise… Fin 2020, le phénomène marseillais de L'Après M a touché le monde entier ! Un succès médiatique inespéré pour cet ancien restaurant McDonald's, symbole d'une mini révolution de David contre Goliath. Lancé lors du premier confinement, L'Après M est un projet militant, le rêve un peu fou de certains salariés de la firme américaine licenciés fin 2019 par manque de rentabilité. Mais pour les habitants du quartier Saint-Barthélemy, ce McDo était bien plus qu'un fast-food : c'était un lieu de vie et de rencontre, ainsi qu'une centaine d'emplois.

La crise sanitaire, dévastatrice pour les quartiers nord, a été le déclic. Les fondateurs de L'Après M ont souhaité y créer une plateforme solidaire où accueillir tous ceux qui veulent agir pour aider la population locale à lutter contre la misère. Après le refus de McDonald's France de prêter le restaurant, les anciens salariés ont réalisé « une réquisition citoyenne » afin de distribuer des dizaines de milliers de colis alimentaires et des kits d'hygiène à des habitants en grande précarité. Une cinquantaine d'associations les ont alors rejoints. Dans ce laboratoire d'expérimentation sociale et humaine, on vend toujours des burgers, mais végétariens, locaux et solidaires : chacun paye selon ses moyens. Sur son toit recoloré, on trouve des ruches. À l'intérieur, on échange, on bavarde, on distribue des vêtements et des repas pour les plus démunis ; des abris pour accueillir des SDF ont également été construits.

Et qui dit McDo, dit José Bové, venu faire l'apologie de ce lieu unique, qui a, selon lui, « transformé la malbouffe, l'agriculture industrielle en solidarité totale, un symbole fort ». À la surprise générale, la mairie de Marseille a racheté les murs en 2021 et a permis à L'Après M de lancer sa toute nouvelle carte fin 2022. On y trouve des recettes et des ingrédients locaux, dont le burger L'Ovni Étoilé, à la viande ou au poisson, spécialement créé par le chef marseillais triplement étoilé Gérald Passedat !

Adresse 214 chemin de Sainte-Marthe, 13014 Marseille | **Transports en commun** Bus 28/31/33/38/530, arrêt Sainte-Marthe-Le-Camp | **Horaires d'ouverture** Surveillez les dernières infos sur la page Facebook pour les jours de vente de repas et événements | **À savoir** Pourquoi ne pas aller digérer ensuite votre burger solidaire dans le beau parc du Grand Séminaire, à 5 minutes en voiture au 72 rue Paul-Cox ? Il abrite une bastide du XVIIe siècle, aujourd'hui les locaux de la mairie des 13e et 14e arrondissements.

4 L'Atelier du Rhum

Le retour du Roi Soleil

Avant 1932, l'alcool emblématique de Marseille n'était pas encore le célèbre petit jaune de Paul Ricard, mais bel et bien le rhum. Un succès de plus de 150 ans que l'on doit à un parasite ! Dans les années 1860, alors que les relations commerciales entre la cité phocéenne et les Antilles s'intensifiaient, le phylloxéra a ravagé le vignoble français. Plus de vin ? On boira du rhum ! Le précieux remplaçant saveur canne à sucre connaît ainsi un âge d'or jusqu'au début des années 20. Après quoi le pastaga, la chopine de bière et le ballon de rouge redevinrent petit à petit les maîtres du royaume. D'une centaine à la fin du XIXe siècle, on ne comptait plus que cinq importateurs de rhum marseillais après la Seconde Guerre mondiale.

Cependant, dans la mode, tout est question de cycles et celui qu'on surnommait « l'élixir du soleil » revient aujourd'hui dans la lumière. Un nouveau lieu incarne cette tentative de reprise du trône, alors qu'au même moment Pernod-Ricard implante son nouveau siège à Marseille, au sein des Docks ! C'est en décembre 2020 que s'ouvrait rue Sainte-Catherine L'Atelier du Rhum. Derrière ce concept, on retrouve la maison Ferroni, créateur de spiritueux fondé à Marseille puis transféré à Aubagne. Les 135 mètres carrés de l'Atelier s'ouvrent sur des cagettes en bois abritant une impressionnante collection de rhums. On retrouve l'Ambré, la signature de Guillaume Ferroni, un rhum multi récompensé inspiré du style marseillais du XIXe siècle élevé en fût de cognac puis en fût de vin doux de Rasteau. On découvre également d'autres rhums marseillais tel le Manikou, marque de 1877 ressuscitée récemment. On peut aussi explorer d'autres univers avec le Ratafia de Marseille, une recette de 1823, du gin, de l'absinthe ou encore l'incontournable pastis en mode millésimé. Au fond, un bar jouxte un salon cosy et une petite bibliothèque ancrée dans la thématique. L'Atelier n'est pas un lieu de consommation : il a vocation à être un lieu d'échange et d'apprentissage – on peut participer à des dégustations, des ateliers ou des masterclass… Outre l'espace de vente, on y vieillit également du rhum en fûts.

Adresse 8 rue Neuve-Sainte-Catherine, 13007 Marseille, tél. 04 91 57 19 11, www.carrynation.fr | Transports en commun Métro M1, arrêt Vieux-Port ; Bus 41/49/55/60/61/80/518/521/540, arrêt Fort-Notre-Dame | Horaires d'ouverture Du mardi au samedi de 10 h à 19 h et le dimanche de 10 h à 14 h | À savoir Pour retrouver la maison Ferroni en mode prohibition, rendez-vous au célèbre bar à cocktails « clandestin » Carry Nation. Le principe ? Après votre réservation sur carrynation.fr, vous recevrez par mail l'adresse sur les hauteurs de la rue Breteuil et le code d'entrée.

5 L'atelier de la savonnerie de la Licorne

L'autre parfum du cours Julien

Dans le quartier des créateurs, une douce odeur de savon de Marseille parfume l'air, venant joliment troubler les remontées d'égouts, auxquelles on est plus habitué par ici. Ces effluves d'olive, de miel, de verveine, de citron et de lavande s'échappent d'un petit atelier discret, à l'authenticité si marseillaise, repaire d'un maître artisan savonnier.

Jusqu'en 1970, le cours Julien accueillait le grand marché alimentaire de la ville. Les paysans des alentours y arrivaient vers minuit avec leurs productions. C'est dans un de ces entrepôts maraîchers, une ancienne mûrisserie à bananes, que Serge et Laurence Bruna ont installé leur savonnerie, perpétuant l'esprit de création du quartier ainsi qu'une tradition artisanale de fabrication héritée de Pierre Bruna, le premier savonnier de la famille. Certaines de ses machines, désormais centenaires, s'activent encore aujourd'hui ! La savonnerie produit ici toute une gamme de savons de Marseille, classiques ou insolites, avec plus d'une vingtaine de parfums – mais pas encore au cannabis, comme cela a déjà été demandé !

L'atelier se dévoile lors de visites guidées gratuites et propose toute sa collection dans sa boutique. La Licorne possède trois autres échoppes à Marseille, disséminées autour du Vieux-Port, ainsi qu'un intéressant et richement doté musée du Savon, au 25 quai de Rive-Neuve, dans l'ancien Arsenal des Galères. Cependant, c'est à l'atelier, où il est conçu et présenté par une jeune équipe d'artisans passionnés, que l'on ressent l'âme de ce produit. Vous apprendrez par exemple que le savon serait né un jour de pluie, lorsqu'une femme romaine aurait remarqué qu'un mélange de cendre, de graisse et d'eau avait d'étonnantes propriétés nettoyantes. Cet atelier vous permettra de comprendre le long processus nécessaire pour façonner le célèbre cube, de nouveau à la mode, surfant sur le mouvement zéro emballage.

Adresse 34 cours Julien, 13006 Marseille, tél. 04 96 12 00 91, savon-de-marseille-licorne.com | **Transports en commun** Métro M2, arrêt Notre-Dame-du-Mont ou Noailles ; Tram T2, arrêt Canebière-Garibaldi ; Bus 81, arrêt Lieutaud – Cours-Julien | **Horaires d'ouverture** Visites guidées gratuites à 11 h, 15 h et 16 h sauf le dimanche et les jours fériés. La boutique est ouverte du lundi au vendredi de 9 h à 19 h et le samedi de 10 h à 19 h | **À savoir** La célèbre marque Le Chat a été créée au début du XXe siècle par la savonnerie marseillaise C. Ferrier et Cie, mais c'est un autre félin renommé que vous retrouverez sur la fresque du 17 rue Pastoret : le M. CHAT du peintre urbain Thoma Vuille.

6 Les ateliers du 25 cours d'Estienne-d'Orves

L'art avec adresse

C'est un lieu rare à Marseille, lové dans un écrin d'authenticité, probablement l'ancien bagne des forçats de l'Arsenal des Galères. Ici, même l'alignement anarchique des boîtes aux lettres est une œuvre d'art. Bleue, rouge, jaune, en bois, en métal… chacune marque le territoire d'un peintre, d'un graveur, d'une galerie, d'un restaurateur de tableau.

Huit ateliers d'artistes sont ainsi miraculeusement réunis sur trois étages au cœur d'un immeuble très atypique, traversé par des courettes végétalisées et surmontées de passerelles suspendues. Au 1er étage, une porte ornée d'une peinture de femme orientale, tout droit sortie d'un carnet de croquis, nous guide vers la galerie de Yann Letestu. Tapissé de tomettes multicentenaires sous de superbes poutres apparentes en bois, l'atelier nous transporte dans un univers dédié au voyage mais aussi à l'évasion par la simple contemplation. Ici le temps se fige, des silhouettes observent la mer sur fond de cartes anciennes, peut-être nostalgiques d'un ailleurs ou juste épanouies par leur nouvel horizon.

On y découvre un Marseille des années 30 encore traversé par son pont transbordeur, côtoyant des destinations plus pimentées. Les pinceaux tachetés de nuances gris-bleu et les toiles en maturation se mêlent à une multitude de souvenirs personnels épinglés sur les murs de pierre. Ils évoquent la cité phocéenne, le Brésil, l'Afrique, entre une illustration de Tarzan et une photo de Cary Grant ! À l'âge de 9 ans, Yann Letestu a traversé l'Atlantique en voilier avec sa famille pendant un an, de Marseille au Venezuela, loin de ses amis et d'une vie tout en frénésie, mais très proche de son carnet de dessin. Sa peinture douce reflète ce rapport au temps, au départ, à l'incertitude, mais aussi à l'arrivée… et ce n'est peut-être pas un hasard si une ancre rouillée trône dans l'atelier. Il se pourrait que l'artiste ait trouvé ici son port d'attache, aux portes de la Méditerranée et de nouvelles escales lointaines.

Adresse 25 cours d'Estienne-d'Orves, 13001 Marseille, tél. 06 62 07 90 83, yann-letestu.fr | **Transports en commun** Métro M1, arrêt Vieux-Port ; Bus 61/80, arrêt Vieux-Port – Ballard ; Bus 55, arrêt Sainte-Fortia | **Horaires d'ouverture** Galerie Yann Letestu : du mardi au samedi de 10 h à 12 h et de 13 h à 18 h | **À savoir** Profitez-en pour explorer les sept autres ateliers du numéro 25 et ne manquez pas non plus la librairie Jeanne Laffite au rez-de-chaussée : vous y trouverez de véritables trésors sur Marseille et sur la Provence.

7 Le B&B Jardin Vieux-Port Panier

La face cachée de l'église des Accoules

C'est un voyage dans les coulisses secrètes de l'une des plus anciennes églises de Marseille que propose l'étonnant Bed & Breakfast caché dans la Montée des Accoules. La massive porte en bois ornée d'une plaque « Monument historique » ne s'ouvre que pour les clients chanceux du cabinet de curiosités imaginé par Mathias et Béatrice, les propriétaires. Tombés amoureux en 2013 de ce morceau d'histoire, les deux Marseillais ont décidé de le restaurer avec passion – et pas mal de courage.

À l'entrée, un passage fermé par la mairie monte vers le sommet du clocher des Accoules, seul vestige restant d'une église médiévale rasée lors de la Révolution française. Avant sa destruction, elle était divisée en cinq travées, matérialisées à l'extérieur par des arcs-boutants encore visibles. La façade actuelle constituait autrefois le fond de l'église, et l'ensemble du Bed & Breakfast est là, niché par-delà cet immense mur. Il propose deux chambres, deux appartements de charme et un jardin de 400 mètres carrés. On aperçoit de l'extérieur, derrière la croix de Jésus, un œil-de-bœuf qui n'est autre que l'une des fenêtres du grand escalier de la demeure.

Le site a accueilli pendant près d'un siècle, jusqu'à leur expulsion en 1903, la congrégation des Oblats de Marie Immaculée, créée par l'évêque de Marseille Eugène de Mazenod. La cave a quant à elle révélé, lors de son déblaiement épique, un lavoir médiéval ainsi qu'un mur du XIe siècle ! L'ensemble a été entièrement restauré pour offrir aux résidents une salle à manger très atypique. Le sous-sol n'a pas encore été entièrement dégagé, suscitant le fantasme d'autres trouvailles puisque les propriétaires ont découvert une belle surprise, la source des Accoules au cours des travaux. Le lieu offre un calme étonnant en plein centre historique, rythmé par les mélodies du clocher de 9 h du matin à 9 h du soir – ce qui fait son charme.

Adresse 2 montée des Accoules, 13002 Marseille, tél. 06 69 60 36 50, bnb-jardin-vieux-port-panier.business.site | Transports en commun Métro M1, arrêt Colbert – Hôtel-de-région ; Tram T2, arrêt Sadi-Carnot ; Bus 49, arrêt Caisserie-Beauregard | Horaires d'ouverture Sur réservation pour un séjour et lors de visites organisées notamment via l'association Marseille Autrement (marseille-autrement.fr) | À savoir Au pied de la chambre d'hôte se trouvent des cryptes créées en 1820 afin de rappeler la grotte de Lourdes et la grotte de Marie-Madeleine. Toutes deux sont surmontées d'un calvaire en rocaille.

8_ Les Beaux Mets

Pour déjeuner, passez par la case prison !

Sur la façade classée de la prison des Baumettes, construite entre 1933 et 1939, le célèbre architecte Gaston Castel s'est permis une fantaisie : y faire trôner sept statues signées Antoine Sartorio qui représentent les sept péchés capitaux ! Si l'excès de luxure, de colère, d'orgueil ou d'envie entraîne malheureusement chaque jour de nouveaux Marseillais à occuper la prison – de Bernard Tapie à Francis le Belge, en passant par Gaétan Zampa –, la gourmandise va peut-être aider certains à en sortir !

Depuis fin 2022, l'association Festin, en collaboration avec le traiteur La Table de Cana et Marseille Solutions, a imaginé dans une partie de la prison un restaurant expérimental de réinsertion unique en France (et seulement deux autres en Europe) au nom subtilement trouvé : Les Beaux Mets. Attention, réserver son déjeuner n'est pas si simple, tout est une question de casiers ! Votre casier judiciaire, d'abord, sera épluché lors de votre inscription obligatoire en ligne. Puis un casier à code vous sera attribué, où vous devrez laisser toutes vos affaires en pensant à garder votre carte bancaire. Un surveillant pénitentiaire vous conduira ensuite dans un ancien pavillon de soin très élégamment décoré aux tons terracotta, avec des meubles design et de larges fenêtres… sans barreaux, mais avec vue sur les miradors !

Mais une fois à table, on oublie rapidement que nous sommes en milieu carcéral : le maître d'hôtel et la cheffe forment et accompagnent avec bienveillance les détenus – tous en courte peine – en salle et en cuisine.

Ici, pas d'alcool, mais des mocktails et une carte bistronomique de très bonne tenue, agrémentée chaque mois par un plat de chef étoilé, enseigné lors d'une masterclass pédagogique. L'objectif de cet ambitieux projet ? Bousculer les statistiques ! En France, 59 % des personnes sortant de détention font l'objet d'une nouvelle condamnation dans les 5 années suivant leur sortie, et moins d'un détenu sur trois retrouve du travail !

Adresse Traverse de Rabat, 13009 Marseille (portail vert), lesbeauxmets-marseille.fr | **Transports en commun** Bus 22/22S, arrêt Rabat-Beauvallon | **Horaires d'ouverture** Du lundi au vendredi, 1er service à 12 h 30 et 2e service à 13 h 15. Réservation sur internet obligatoire à faire bien en amont | **À savoir** À 5 minutes en voiture de la prison par le boulevard Louis-Pierotti commence une belle balade en direction des calanques et de la fontaine de Voire, une petite grotte où serait née la légende fondatrice de Marseille, le mariage de Gyptis et Protis.

9 La Baleine

Le cinéma de quartier réinventé

La cité phocéenne semble à première vue plus encline à fabriquer le septième art qu'à le diffuser. En effet, si elle abrite des studios réputés et accueille des tournages du monde entier, elle ne compte qu'une dizaine de cinémas, contre 40 à Nice et 90 à Lyon – Paris étant hors concours. Pourtant, le taux de fréquentation est ici supérieur de plus de trois points à la moyenne nationale, et il existe de petites salles locales qui dépoussièrent le concept.

Après le Vidéodrome 2, qui réunit à la fois une salle de projection, un vidéoclub et un bistrot, un autre cinéma de quartier plein de charme a pris place en 2018 sur le cours Julien, dans un ancien séchoir à banane du temps du marché alimentaire. Le local a un temps porté le nom de La Baleine qui dit Vague. On conserva le mammifère marin en guise d'animal totem tout en optant pour une appellation plus courte ; l'endroit se transforma alors en un élégant cinéma à la décoration réalisée en collaboration avec la boutique Honoré. Ne cherchez pas, ici, vous ne trouverez qu'une seule salle comptant 88 places spacieuses et confortables tout en étant équipée selon les meilleures normes techniques en vigueur. Son écran de 7 mètres n'a rien à envier aux multiplexes, avec cependant un vrai supplément d'âme, puisque les visiteurs profitent du spectacle en mode *cocooning* sous une belle charpente en bois apparente. On se fait une toile un peu comme à la maison ! La salle propose 25 séances par semaine, entièrement dédiées au cinéma Art et Essai, avec les trois labels du CNC, Jeune public, Recherche et Découverte, Patrimoine et Répertoire.

Plus qu'une salle obscure, La Baleine s'est rapidement affirmée comme un véritable lieu de partage, avant et après les films, avec des conférences, des lectures, des événements mais aussi grâce aux gourmandises du Ventre de La Baleine. Ce bistrot chaleureux et boisé, s'ouvrant sur un superbe comptoir de plus de 7 mètres, peut accueillir 40 couverts en intérieur et 30 en terrasse, sur le cours Ju. La carte est fraîche, maison et de saison, dans la lignée d'une cuisine bistronomique aux accents méditerranéens.

Adresse 59 cours Julien, 13006 Marseille, tél. 04 13 25 17 17, www.labaleinemarseille.com | **Transports en commun** Métro M2, arrêt Notre-Dame-du-Mont ; Bus 81, arrêt Lieutaud – Cours-Julien ; Bus 74, arrêt Notre-Dame-du-Mont | **Horaires d'ouverture** Du mardi au vendredi de 17 h à minuit, le week-end de 11 h à minuit. Fermé le lundi | **À savoir** Pas de jaloux ! Rendez-vous également au Vidéodrome 2, juste à côté, au 49 cours Julien. Vous pourrez y voir un film (49 places), en louer un (parmi 5 000 titres issus de 80 pays) ou prendre un verre en terrasse, le tout dans une ambiance plus brute de décoffrage qu'à La Baleine, mais indéniablement authentique.

10 Le belvédère de la colline Périer

Mais chuuuut !

Marseille aime parfois se donner des airs de Miami : le soleil, les palmiers, la mer... mais aussi ses *gated communities*, ses résidences fermées ! Du Roucas-Blanc à la Batarelle en passant par le lotissement Barry, on ne compte plus le nombre de ces sanctuarisations, anciennes ou récentes, qui touchent aujourd'hui tous les quartiers. Et dans l'un de ces écrins protégés, sur les hauteurs du quartier de Gratte-Semelle, au bout du bout de la très discrète et bien nommée impasse de la Colline, se cache une petite pépite naturelle. Le portail automatique bloque l'accès aux voitures, mais pas encore aux piétons. Un sas ouvert en permanence permet de le visiter et pas le moindre signe d'un panneau « propriété privée ». Le cadre est volontairement dissuasif, mais la circulation est libre : des générations d'habitants du quartier viennent ici promener leurs compagnons à quatre pattes ou prendre un grand bol d'air panoramique. Une fois passé discrètement devant les maisonnettes sous le regard parfois inquisiteur de certains habitants, on rejoint un de ces endroits improbables typiques de Marseille. Progressivement, le bitume s'efface pour céder la place à un chemin de terre qui mène à un petit coin de garrigue et une vue époustouflante sur la ville, quasiment à 360 degrés ! Une véritable vigie sur la baie, la face sud de la Bonne Mère, le Vélodrome, le Frioul ou encore la skyline de la Joliette. À l'ombre des pins, on peut admirer la cité sous des angles inédits et du haut d'un petit escalier en pierre, pénétrer du regard les vastes propriétés du Roucas Blanc, tachetées du bleu azur de leurs piscines à débordement.

En longeant un ancien mur d'enceinte en pierre, un nouveau panorama insolite se dessine : on survole littéralement les plages du Prado avec l'île Maïre en arrière-plan. Un sentier descend vers la résidence Flotte, dans laquelle on peut trouver de beaux vestiges de la bastide éponyme. Hélas, sur ce territoire conquis par de grands ensembles immobiliers, le mot « privé » est appliqué à la lettre, et il est interdit de s'y aventurer.

Adresse Tout au bout de l'impasse de la Colline, 13008 Marseille | Transports en commun Bus 73/74, arrêt Gratte-Semelle | Horaires d'ouverture Accessible mais en toute discrétion si vous ne voulez pas que ce lieu soit totalement sanctuarisé | À savoir Au bout de la rue des colonies se trouve un immense et spectaculaire escalier descendant vers la corniche, un des rares accès (libre) pour piéton fendant ces fameuses résidences privées du Roucas.

11 La bergerie de Pierre Puget

La tanière du Michel-Ange français

On peut être l'un des plus grands sculpteurs, dessinateurs, peintres et architectes français du XVIIe siècle et aimer les plaisirs tout simples d'une balade dans la garrigue en menant à la baguette une poignée de chèvres. Pierre Puget était un créateur de génie, un bâtisseur dont les réalisations perdurent encore malgré les folies destructrices de sa ville. Sa maison à pan coupé du 25 rue de Rome, les halles alimentaires d'inspiration antique du quartier de Belsunce, la magnifique Vieille Charité au Panier sont les plus connues. Mais il reste aussi de lui une bâtisse plus secrète, peut-être volontairement. Celui qu'on surnommait le Michel-Ange français tentait-il de fuir les mondanités de la ville pour se ressourcer ici, sur les hauteurs de Montredon ? Juste après l'aqueduc d'une dérivation du canal de Marseille, sur la droite du sentier menant à la grotte Rolland, on découvre au pied d'une falaise cette ruine du XVIIe siècle, l'ancien « Jas » de l'artiste !

La propriété a appartenu à Puget et à ses héritiers de 1685 à 1772. La bergerie creusée dans le roc était constituée d'une salle basse voûtée toujours visible et d'un abri de berger aujourd'hui détruit. D'après des archives de 1696, le fils de Pierre Puget vendait son bois à la ville pour entretenir le feu de la vigie de Marseilleveyre, située sur les hauteurs. Il aurait hérité la demeure de son père à sa mort en 1694. On retrouve également à quelques dizaines de mètres au-dessus du Jas, en haut du petit raidillon, dans les broussailles, les vestiges de la carrière de pierres ayant servi à sa construction avec de nombreux blocs taillés. Dans son testament, Pierre Puget recommande d'ailleurs à son fils de ne pas revendre, car il y aurait dans cette carrière du marbre extraordinaire.

De la bergerie d'origine, il ne reste qu'un seul croquis, peint après la Révolution par Joseph Marchand afin de conserver une trace des monuments religieux, alors menacés de destruction par des citoyens revanchards. Pierre Puget aurait eu la dernière volonté de demander à son fils la pose d'une plaque marquée « Propriété Puget » sur la bergerie. Un vœu que le parc des Calanques ou la mairie de Marseille auraient bien fait d'exaucer tout en nettoyant ce domaine.

Adresse Au bout du boulevard de la Grotte-Rolland, 13008 Marseille, puis 5 minutes à pied | **Transports en commun** Bus 19/583, arrêt Grotte-Rolland, puis 20 minutes à pied | **À savoir** Le sentier part ensuite vers la gauche jusqu'à la grotte Rolland. La légende raconte qu'un bandit nommé Rolland et sa horde de pilleurs auraient utilisé ce repaire comme cachette.

12_Le Bistrot Plage

Bronzage impérial depuis 1866

Niché en contrebas de la corniche Kennedy et du monument aux morts de l'armée d'Orient signé Castel, le Bistrot Plage semble posé sur la Méditerranée. Fondé par Jacques Julien Isnardon, un maçon de 38 ans, il résiste au temps, fermement ancré dans la roche depuis 1866. L'établissement est connu de tous les Marseillais. Ce que l'on sait moins, c'est qu'avec son voisin Le Petit Pavillon, fondé lui en 1848, il est l'un des derniers vestiges encore en activité de la mode des bains de mer. Ceux-ci devinrent populaires au cours de la seconde moitié du XIXe siècle, notamment grâce à l'empereur Napoléon III et à son épouse Eugénie.

Cette période prospère mais éphémère a vu la création de nombreux complexes sur le littoral marseillais. Ils ont aujourd'hui disparu, comme les Bains de Mer des Catalans ou les somptueux thermes du Roucas-Blanc et leur eau de source à 21 degrés, ou ont été transformés, comme les Bains de Mer Chauds de Malmousque devenus une magnifique villa d'architecte. À l'époque, on attendait du thermalisme qu'il corrige les mauvais effets du confort offert par la civilisation urbaine, tout en offrant une certaine intimité… une période bel et bien révolue !

Aujourd'hui, aux beaux jours, les corps en maillot, rôtis au soleil sur les transats orangés et bondés du Bistrot Plage, s'offrent pleinement à la vue des promeneurs de la corniche, parfois voyeurs, certainement un brin jaloux envers les habitués se prélassant, insouciants, les pieds dans l'eau. N'en déplaise à l'empereur, on ne vient plus corriger son mode de vie citadin, mais en jouir pleinement, bronzer, siroter un Spritz face aux îles du Frioul, déguster du poisson grillé avant de se rafraîchir dans une mer accessible directement par un petit escalier. Pour l'anecdote, Ginette Garcin, l'actrice de music-hall et de la série *Marc et Sophie*, était la petite-fille des propriétaires des lieux entre 1895 et 1929. Cela lui a valu son surnom de « fille des bains Garcin ». En 2013, trois ans après son décès, la ville lui a rendu hommage en donnant son nom à une place située non loin de ce temple du farniente au charme intemporel.

Adresse 60 corniche Président-John-Fitzgerald-Kennedy, 13007 Marseille, tél. 04 91 31 80 32, www.bistrot-plage.fr | Transports en commun Bus 83/583, arrêt Catalans | Horaires d'ouverture Café-restaurant ouvert toute la semaine en saison estivale de 10 h à 1 h. Plage privée avec location de transats à la journée ou à la demi-journée | À savoir À découvrir au 54 corniche Kennedy, le Petit Pavillon, dans la veine du Bistrot Plage, mais son aîné de 20 ans avec le petit plus, sa boîte de nuit cachée sous son restaurant.

13 Bolia

L'appartement-témoin du premier maire de Marseille

Pour Bolia, le spécialiste danois du design d'intérieur, c'est une tradition d'installer ses boutiques luxueuses au cœur de bâtiments historiques. À Marseille, la direction a jeté son dévolu sur le magnifique hôtel Joachim de Surian. Cette résidence raffinée porte encore le nom de son fondateur, un riche négociant d'origine vénitienne qui avait fait fortune à Constantinople. En 1756, il devint le tout premier échevin de Marseille, avant d'être anobli en 1777 par Louis XVI. Sa maison a accueilli pendant des années une boutique Diesel.

Après 7 mois de travaux, la bâtisse a retrouvé tout son éclat, dévoilant de nouvelles pièces, comme le coffre-fort de l'agent de change Paul Gautier, dont la plaque en marbre trône toujours à l'entrée de la boutique. « N'hésitez pas à pousser notre belle porte afin d'accéder à un monde de design », peut-on lire à l'extérieur. Il est vrai que l'adresse est discrète et intimidante. Dès l'escalier franchi, on est surpris par le contraste entre le mobilier scandinave au style moderne et épuré et la richesse des décors d'origine – marqueteries en bois exotique, moulures dorées et lourdes portes en bois massif. Les tons beiges et blancs sont doux et chaleureux, propices à la déambulation entre les commodes, les tables ou encore les canapés imaginés par les designers allemands kaschkasch ou Meike Harde. Une petite pièce dévoile une étonnante bibliothèque en bois d'époque qui renferme une salle secrète. La résidence s'ouvre sur un jardin bordé de palmiers, où se cache une belle fontaine à l'italienne ceinturée de sculptures et de meubles d'extérieur des designers danois Glismand & Rüdiger.

On se pose alors dans ce qu'on aimerait être son pied-à-terre marseillais afin de choisir un motif parmi la multitude de tissus pour un futur meuble certifié écoresponsable, tout en sirotant un café des torréfacteurs de La Cabra. Puis, on découvre les prix, à la hauteur de la beauté du lieu… Mais rien n'empêche de repartir avec un objet déco pour se faire un petit plaisir.

Adresse 39 rue Grignan, 13006 Marseille, tél. 09 73 72 51 04, www.bolia.com | Transports en commun Métro M1, arrêt Estrangin ; Bus 41/49/55/60/61/80/518/521/540, arrêt Breteuil-Puget | Horaires d'ouverture Du lundi au samedi de 10 h à 19 h | À savoir Sur la place Lulli, entièrement réhabilitée en 2023, se trouve un drôle de kiosque à musique, dont le métal a l'air fondu, baptisé *Opéra Noir.* Signée Christophe Berdaguer et Marie Péjus, cette œuvre diffuse en live les représentations de l'Opéra de Marseille tout proche.

14 La Cabane Georgina

Interstice sous la Rose

Ovni multicolore, la Cabane Georgina est un interstice, un lieu inclassable, à l'image de son très atypique et authentique quartier « sous la Rose », à flanc de falaise. Pour habiter ici, il faut en acquérir l'esprit et en comprendre les codes. C'est le pari que s'est lancé en 1996 Jérémy Chabaud, séduit par cette enclave de Montredon. On est ici sur un territoire confidentiel, un ancien squat fait de bric et de broc, illégalement occupé pendant des décennies. Un lieu sauvé de la destruction grâce à un émouvant reportage de TF1 signé par un cameraman du cru, qui incita étonnamment la mairie à adouber et officialiser ce bout de Marseille, au grand dam des promoteurs.

C'est désormais le domaine d'une grande famille recomposée faite de solidarité, de fêtes, de mythiques paellas, mais aussi de disputes, de clans, de désaccords, de réconciliations, de belles histoires et de récits tragiques. Le fief de Jérémy est devenu, à son rythme, sans ligne directrice préétablie, en partenariat avec l'association Jeune création, la Cabane Georgina. Un lieu qui porte le surnom d'une grande dame, inspirée et inspirante, qui a accompagné Jérémy dans une grande partie de sa vie et dont le portrait surveille encore l'entrée de la cabane, un arc brandi telle une Diane chasseresse ! La maison a gagné un étage et elle fait office aujourd'hui de conciergerie, de centre social, de galerie, de résidence d'artistes, de bibliothèque, de salle de concert et de lieu de performances.

La Cabane Georgina comprend son environnement, l'accompagne sans le bouleverser, sans le gentrifier. Elle reste à l'unisson tout en offrant de nouveaux horizons. Une centaine d'œuvres très hétéroclites s'y affichent, loin du décorum habituel des galeries – pas de place pour l'égo : les œuvres d'un créateur populaire côtoient des photos prises par Émile Zola, les peintures naïves de girafe d'un SDF parisien ou les dessins des enfants de la maison d'en face. Tout se mélange avec harmonie dans un lieu d'art… de vivre, un laboratoire d'expériences artistiques et humaines, où l'on peut tomber sur un créateur revenant de la baignade en maillot de bain !

Adresse 2 chemin du Mauvais-Pas, 13008 Marseille, tél. 06 14 59 46 66 www.a-ken.org | Transports en commun Bus 19/538, arrêt Verrerie | Horaires d'ouverture La cabane est à découvrir lors d'événements ou sur rendez-vous, non pas pour visiter une exposition, mais « une saga », le fruit d'une maturation entre artistes, habitants et visiteurs | À savoir Après être passé sous la Rose, montez dessus ! Le mont Rose offre un panorama spectaculaire et est un lieu chargé d'histoire, qui abrita le château d'un chevalier du XVIIe siècle puis une batterie côtière au XIXe siècle.

15 La calanque des amoureux

Secret d'un cercle d'initiés

Dominant la plage des Catalans depuis 1921, le Cercle des nageurs de Marseille accueille près de 4 000 adhérents, l'élite de la natation mondiale et une des meilleures équipes de water-polo européennes. Mais ces 2 hectares et demi abritent également une autre pépite, moins médiatisée, pour cause : les membres vous répondent un vibrant « chut ! » à sa seule évocation… S'agit-il de l'un de ses deux très beaux bassins de 25 mètres, Jean Alezard et Alex Jany ? De sa piscine olympique Pierre Garseau, qui ferait rêver plus d'un Marseillais habitué à des infrastructures municipales vétustes ou « temporairement » fermées ?

Non, on parle ici d'une minuscule enclave naturelle, secrète, un lieu du domaine public maritime encerclé par une enceinte privée : la « calanque des amoureux ». Nichée au pied de la Pointe Carinade et de l'ancienne batterie militaire de la Désirade, entourée par des parois rocheuses, on la remarque à peine en quittant le Vieux-Port par bateau. Cette surprenante plage de sable et de galets blancs, aux eaux turquoise, n'est accessible que par la mer et par un escalier en béton plutôt raide partant d'une des terrasses supérieures du CNM. Protégée des regards, l'intimité y est totale. Au large, après une bouée jaune, se dessine la Côte Bleue rythmée par le passage des navettes voguant vers les îles du Frioul.

L'appellation de cette calanque ? Même les anciens n'en connaissent pas l'origine… Y aurait-on surpris deux membres en pleine romance ? Ou bien on peut se prendre à divaguer en imaginant ici Protis et Gyptis scellant leur union légendaire. Mais comment profiter de cet écrin ? Pas si simple… Première option : devenir membre de ce club select en étant doublement parrainé et en s'acquittant d'une cotisation annuelle autour de 1 500 euros en plus d'un droit d'admission de 2 000 euros. Sinon, vous pouvez également zieuter la calanque d'un coup de paddle, tout en respectant ce domaine privé (selon votre conception de la loi littoral et des fameux 5 mètres de plage) et les amoureux qui pourraient y roucouler.

Adresse Cercle des Nageurs, 7 boulevard Charles-Livon, 13007 Marseille, cnmarseille.com | **Transports en commun** Bus 82/82s, arrêt Pharo-Catalan. Calanque visible depuis la mer uniquement | **Horaires d'ouverture** Cercle des nageurs ouvert 7j/7 de 6 h 45 à 21 h en hiver, 23 h en été | **À savoir** Les non-membres peuvent aussi profiter de la vue exceptionnelle qu'offre ce balcon sur la Méditerranée lors d'un repas au restaurant panoramique O Cercle. Néanmoins, il vous faudra être invité par un adhérent.

16 La Campagne Berger

Le territoire du Pastis Blanc

Pour la dénicher, il faut d'abord suivre l'une de ces minuscules voies sans issue typiquement marseillaises. Là, le bout du chemin s'ouvre en deux branches sur un élégant château crème surmonté de quatre tours et sur l'accès au parc verdoyant de la Campagne Berger. Les premiers propriétaires du domaine furent Antoine et Joseph Ricard – mais rien à voir avec le pastis ! Le terrain devint en 1839 la propriété d'Alexandre Brun et, huit ans plus tard, en 1847, d'Augustin Rolland. C'est ensuite Prosper Victor Maurel qui fit construire ce château, achevé en 1862. La belle demeure accueillit pendant 30 ans la famille Vagliano, qui y a apposé un « V » toujours visible. Puis la famille Berger prit possession des lieux en 1907 après avoir fait fortune grâce à la malice de Charles Berger, le célèbre distillateur d'anis et producteur d'absinthe suisse.

Lancé en 1830 dans le canton de Neufchâtel, son élixir dut faire face à la fronde de concurrents de la Suisse alémanique, dénonçant les vapeurs toxiques d'un « poison » titrant à 72° ! La prohibition porte un coup fatal à son alcool, poussant ses fils Charles-Guillaume et Claude à se tourner dès 1878 vers le marché français en parallèle des activités helvétiques. Arrivée à Marseille, l'absinthe Berger évolue ainsi en 1923 en un nouveau spiritueux anisé qui connaît un immense succès. Le pastis Berger Blanc est lancé dès 1933 – un an après la création d'un certain Paul Ricard, alors âgé de 23 ans, qui a imposé le terme « pastis ». La version jaune du Berger voit le jour en 1947.

Une partie du domaine abrite aujourd'hui des immeubles résidentiels. Le château de la Campagne Berger, privé, en parfait état de conservation, peut être admiré depuis les hauteurs de ce très intéressant parc public. On y trouve en effet des vestiges du mur d'enceinte, d'anciennes tourelles et vigies, un kiosque doté d'un étonnant toit aux mosaïques multicolores et les ruines d'un bunker allemand offrant un superbe balcon panoramique sur Marseille et la Méditerranée. En déambulant dans le domaine, on se prend à chercher, en vain, dans la garrigue, quelques pousses d'anis étoilé.

Adresse Résidence Campagne Berger, 13009 Marseille | Transports en commun Bus 24/24B/24T/46S/518, arrêt Le Redon – La Panouse | À savoir Des hauteurs de la Campagne Berger, vous pourrez admirer les 4,5 hectares de domaine du château de la Panouse. Cette bastide avec ses tourelles d'angle fut édifiée pour le négociant-huilier Jospeh Rocca entre 1850 et 1871. Le site accueille depuis 2020 une résidence pour seniors.

17 Casa Delauze

La Casa del papa… del mar

« Vous êtes la seule personne à qui j'autoriserai de construire à cet endroit. » Voici ce que le maire Gaston Deferre aurait dit à Henri Delauze, le fondateur de la Comex, une société pionnière dans le domaine de la plongée industrielle. Il lui aurait ainsi fait cadeau de l'un des plus beaux domaines du centre-ville. Cet étonnant écrin de verdure, caché dans l'anse de la Réserve, au pied du fort Ganteaume, ne se dévoile que depuis la mer ou les rooftops voisins du Sofitel et du Rowing Club. Au milieu d'une dense végétation, au bord de l'eau, se dresse depuis 1981 une superbe villa en iroko d'inspiration japonaise montée sur pilotis. Elle est l'œuvre de l'architecte Harald Sylvander qui a déclaré à son sujet : « La meilleure preuve que le résultat ne choque pas, c'est que des quantités de Marseillais ne l'ont même jamais vue ! » L'homme est notamment connu pour avoir réalisé ensuite le monumental bassin à requins du Seaquarium du Grau-du-Roi. Le Minibex, le navire de recherche de la Comex, trône directement devant les baies vitrées de l'unique maison lacustre de Marseille.

Son diplôme tout juste obtenu, Henri Delauze a séjourné trois ans à Madagascar. Il s'y est découvert un amour inconditionnel pour la mer, si bien qu'il s'est ensuite embarqué avec le commandant Cousteau, pour lequel il a réalisé ses premières plongées spéléologiques et archéologiques. Après un riche parcours professionnel entre Cuba et les États-Unis, le CNRS lui confia en 1962 la création et la direction à Marseille du laboratoire des engins d'exploration sous-marins. Parallèlement, il créa la Comex, entreprise spécialisée dans les interventions humaines et robotiques sous-marines. Henri Delauze s'en est allé en 2012, laissant à sa petite-fille son entreprise et sa fameuse villa.

Contre toute attente, depuis 2018, ce lieu secret de 4 600 mètres carrés s'est ouvert aux événements professionnels et privés puis au grand public, à l'occasion de soirées jazz, de DJ set, de cinéma en plein air… Un cadre exceptionnel pour une plongée hors du temps au milieu d'une collection de scaphandres, de capsules sous-marines et de 30 ans de souvenirs de voyages au cœur des abysses.

Adresse 30 boulevard Charles-Livon, 13007 Marseille, casadelauze.fr | **Transports en commun** Bus 82/82s/83/583, arrêt Fort-Saint-Nicolas | **Horaires d'ouverture** Programmation des événements publics et plutôt chics (généralement l'été) sur la page facebook de la casa Delauze | **À savoir** Pour prendre de la hauteur sur la casa et le Vieux-Port, on peut déguster sur l'un des plus beaux toits-terrasse de la ville, rénové en 2021, la cuisine du Rowing Club, institution de l'aviron fondée en 1910, multichampionne de France et comptant plus de 400 membres (rowingclubrestaurant.fr).

18_Casa Ortega

Repaire secret d'un amour interdit

À Marseille, l'histoire n'est pas toujours écrite ; elle se transmet oralement par les anciens. C'est ainsi qu'est née cette charmante maison d'hôtes. Quand Caroline acquiert ce petit hôtel en 2012, elle ne s'attendait pas à y trouver des récits d'amours secrets, enfouis dans la mémoire de quelques voisins. « Vous êtes la petite-fille Ortega ? » lui demandaient alors de vieux Marseillais.

L'histoire raconte que c'est ici qu'aurait vécu le plus grand joueur de castagnettes de tous les temps, l'Andalou Juan Sebastián Ortega. Tout aurait commencé sur la scène du cabaret La Mano Caliente de Buenos Aires par des regards échangés avec une très jeune spectatrice, Louise Granier, fille cadette d'une grande famille française. Le début d'une folle passion amoureuse, totalement rejetée par le père de Louise ! Avec quelques sous en poche, le couple se réfugie à Marseille en 1952, dans cette petite maison toute proche de la gare Saint-Charles. Cet écrin intime serait alors devenu le rendez-vous des artistes de passage… On y aurait vu Picasso, Hemingway ou encore Django Reinhardt. Une maison d'hôtes avant l'heure, aux doux effluves de *jamón* et de tortillas, qui vibrait jour et nuit aux sons des castagnettes et des guitares.

Mais la renommée de cette hacienda marseillaise serait arrivée jusqu'aux oreilles de la belle-famille qui aurait retrouvé la trace du couple en 1957. Les amoureux se seraient de nouveau volatilisés, abandonnant leur cachette, peut-être au Japon où à New York où ils auraient ouvert un petit delicatessen, The Orteghouse… mais il est aussi probable que la promise ait rejoint sa famille en Amérique du Sud, et son amant et ses castagnettes, le fond du Vieux-Port !

Aujourd'hui, dans cette jolie maison d'hôtes à la décoration très inspirée par les années 70 et qui compte cinq élégantes chambres, on peut voir des portraits du couple et des albums de flamenco, parfois dédicacés par le maître des castagnettes lui-même. Des vestiges de l'histoire du lieu offerts par un collectionneur de L'Isle-sur-Sorgue.

Adresse 46 rue des Petites-Maries, 13001 Marseille, tél. 09 54 32 74 37, www.casa-ortega.com | **Transports en commun** Trains et Métro M1/M2, arrêt Gare-Saint-Charles ; Bus 509, arrêt Bourdet-Saint-Charles | **Horaires d'ouverture** Ouvert toute l'année sur réservation | **À savoir** Non loin de là, à l'angle du boulevard Voltaire et de la Liberté, se trouve une vierge dorée. Moins célèbre que celle de Notre-Dame-de-la-Garde, elle est pourtant l'œuvre du même architecte, Henri-Jacques Espérandieu. Elle a été déplacée ici en 1922 pour céder son ancienne place à l'escalier de la gare Saint-Charles.

19 La cascade des Aygalades

L'oasis ressuscitée des quartiers nord

Très prisée par la bourgeoisie marseillaise, cette improbable cascade de 9 mètres de hauteur était une des attractions phares de la propriété du château Falque. La demeure fut détruite par l'occupant allemand dans les années 40 afin de construire une voie stratégique, l'actuelle autoroute A7, fracturant pour toujours le quartier. Et celle que les quelques locaux au fait de son existence surnommaient « la mare aux lentilles » a disparu petit à petit de la mémoire des Marseillais, noyée dans une dense végétation.

Dissimulé par un nouvel environnement urbain et industriel, ce n'est qu'en 2001 que le trésor abîmé a officiellement refait surface. La richesse écologique rare de cette oasis de fraîcheur a suscité le lancement en 2015 d'un immense chantier de réaménagement et de revalorisation. Guidés par le paysagiste Julien Rodriguez et les éducateurs de l'addap13, de jeunes participants d'un chantier d'insertion ont rendu possible la réouverture de cet écrin naturel insolite. La Cité des arts de la rue, voisine de cette parcelle de 2 000 mètres carrés, contribue depuis à accueillir le grand public curieux de découvrir la biodiversité qui y fourmille.

Après la création d'un jardin, de nouvelles installations ont ainsi été imaginées avec la construction d'un belvédère sur la cascade et d'une charmante guinguette, le tout parsemé de nombreuses créations artistiques.

Le site ne se dévoile qu'à de rares moments dans l'année ou lors d'événements ponctuels. En 2020, le lieu a ainsi été investi par Noria, une monumentale machinerie poétique et sonore réalisée dans le cadre de la biennale d'art contemporain Manifesta. Mais vous pourrez aussi le découvrir lors des Journées du patrimoine et le premier dimanche de chaque mois. Au programme, un marché de producteurs, des conférences et des visites commentées. Seul bémol : il est difficile de savoir à l'avance si le ruisseau sera en eau au moment de votre visite, libérant – ou non – toute la beauté de la cascade !

Adresse Rue Augustin-Roux, 13015 Marseille, lacitedesartsdelarue.net, tél. 04 13 25 77 13 | **Transports en commun** Bus 30, arrêt Cité-des-Arts-de-la-Rue | **Horaires d'ouverture** Chaque premier dimanche du mois (excepté août) à partir de 9 h 30, entrée libre, visites commentées et conférences sur réservation | **À savoir** Inaugurée en 2013 sur l'ancien site des huileries-savonneries L'Abeille, la Cité des arts de la rue est un immense laboratoire scénique de 36 000 mètres carrés, un lieu d'expérimentation et de création à découvrir absolument. De nombreux événements y sont proposés et l'on peut y découvrir un étonnant bus posé à la verticale, conçu par Mario Goffé, devenu le totem du quartier (lacitedesartsdelarue.net).

20_Le castrum Saint-Marcel

Dernier vestige médiéval de Marseille

Des siècles après son édification, cet unique vestige médiéval subsistant à Marseille reste toujours aussi difficile à conquérir. Pas un panneau n'indique sa présence, pas un chemin balisé… peut-être un choix délibéré pour tenter de protéger ce patrimoine rare à l'abandon. La nature fait également office de dernier soldat, tant le sentier d'accès y est escarpé et noyé dans une dense végétation au printemps. On navigue à vue jusqu'à apercevoir la silhouette d'une tourelle à travers la garrigue.

Fins stratèges, ce sont les Romains qui ont choisi d'établir ce castrum en 49 avant J.-C., lors du siège de la cité phocéenne. Sa position sur ce contrefort, entre les ravins de Castan, de Royard et de Piscatoris, le dotait d'un puissant rempart naturel. Surplombant la vallée de l'Huveaune, le castrum offre un panorama exceptionnel allant du massif de la Sainte-Baume à la baie de Marseille et permet ainsi de surveiller les invasions tant maritimes que terrestres. En 732, le château fut détruit par les Sarrasins puis reconstruit en 1059 par Pons II, évêque de Marseille, avant d'être de nouveau malmené durant la Révolution.

Le marquis Michel Palamède Forbin d'Oppède, dont le château en contrebas du site existe toujours, était au XIXe siècle propriétaire du terrain abritant autrefois le castrum. Selon ses écrits, la forteresse formait un quadrilatère de 40 mètres sur 20, enserré par une muraille flanquée de trois tours massives, dont deux à l'entrée est et une au sud-ouest. L'angle nord-ouest, se situant à l'aplomb d'un pic inaccessible, était dépourvu de tour. Aujourd'hui, la tour sud se dresse toujours face au col Galvaudan.

L'exploration peut se poursuivre dans l'ancienne demeure de Forbin qui abrite dans sa bibliothèque un véritable trésor. On peut y apercevoir un morceau de muraille, l'une des dernières reliques restantes du castrum. Un autre vestige rare est conservé non loin de là, dans l'église Notre-Dame-de-Nazareth : l'autel du VIe siècle de la chapelle du castrum dédié à saint Clair.

Adresse Boulevard de la Forbine, 13011 Marseille | **Transports en commun** Gare SNCF Saint-Marcel et Bus 15/15s/40/540, arrêt Saint-Marcel – Cavaillon, puis 700 mètres à pied pour rejoindre le début d'un sentier pour randonneur confirmé | **À savoir** Pour découvrir les derniers vestiges du castrum, il vous faudra réserver un séjour au château de Forbin, ouvert au public depuis juin 2020. Pour découvrir l'autel de la chapelle du castrum, montez par le chemin des Gaulois à Notre-Dame-de-Nazareth, construite autour de 1200.

21 CCR Mucem

Dans l'ombre du frère jumeau

Au sein des familles, on trouve parfois des jumeaux aux caractères très différents : le premier est charismatique et attire toute l'attention, mais n'est rien sans son double au caractère plus discret. Le regain d'intérêt pour Marseille doit beaucoup au Mucem, signé Rudy Ricciotti, bien que reconnu souvent plus pour sa forme que pour son fond, sa scénographie étant parfois critiquée. On connaît cependant beaucoup moins son Centre de Conservation et de Ressources (CCR) imaginé par l'agence de Corinne Vezzoni, médaille d'or de l'Académie française d'architecture en 2020 et finaliste malheureuse du projet du réaménagement du Vieux-Port (qu'on aurait aimé voir se réaliser, car plus ambitieux et surtout arboré !)

Loin des fastes du bord de mer, ce monolithe sans moucharabieh mais jouant avec la lumière se cache dans le quartier beaucoup plus modeste de la Belle de Mai. Il s'y fait discret en face du pôle média et des anciens studios de la série *Plus Belle La Vie*, arrêtée en 2022 après 4 665 épisodes.

Difficile d'imaginer les trésors souvent méconnus que protège ce bâtiment de 10 000 mètres carrés : il abrite 250 000 objets, 110 000 tableaux, estampes, dessins, 450 000 photographies, près de 100 000 ouvrages et des archives papiers, sonores et audiovisuelles ! Mais plutôt que de coffre-fort du Mucem, on préfère parler ici d'écrin. En effet, contrairement à de classiques réserves de musée, le CCR se décline en quatre espaces ouverts au public. Une zone est ainsi dédiée à la consultation des collections d'objets conservées. Une salle de lecture donne accès aux archives et à la bibliothèque du musée. Le CCR dispose également d'un lieu réservé aux expositions expérimentales et novatrices, conçues par des commissaires ayant « carte blanche » afin de porter un regard neuf sur les pépites du Mucem. On peut également visiter un appartement-témoin de 800 mètres carrés proposant un échantillonnage des collections conservées dans différents types de mobilier et d'objets. Des visites que vous pourrez réaliser en toute intimité, sans aucune file d'attente, accueillis par un pompier !

Adresse 1 rue Clovis-Hugues 13003 Marseille, tél. 04 84 35 14 23/20, mucem.org | Transports en commun Bus 49, arrêt Belle-de-Mai – La Friche ou Clovis-Hugues ; Bus 52, arrêt Archives-Municipales | Horaires d'ouverture En accès libre du lundi au vendredi de 14 h à 17 h et sur rendez-vous de 9 h à 12 h 30 | À savoir Au 136 rue Loubon, faites-vous une toile au Gyptis, créé en 1913. Il a été transformé en théâtre avant de redevenir un cinéma en 2014. Derrière l'étonnante façade de l'artiste JR, la salle de 167 places propose une programmation qui mélange cinéma populaire et cinéma d'auteur (cinemalegyptis.org).

22 Le centre de recherches sur l'anarchisme

L'ordre dans le désordre

« L'anarchie ce n'est pas le chaos, mais l'ordre sans le pouvoir... » Malgré tout, le mot a souvent une connotation péjorative. Dans le dictionnaire des synonymes, on le retrouve aux côtés de deux de ses principes fondateurs : égalité et liberté... et de sept autres mots qui évoquent le désordre : chaos, confusion, gâchis, trouble, émeute, pagaille ! Mais à Marseille, il existe un endroit unique en France qui tente de remettre de l'ordre autour de ce sujet. Si vaste que les fiches d'index répertorient plus de 8 000 livres et de 3 000 brochures, ainsi que des tracts, journaux internationaux et films soigneusement rangés dans des armoires en bois. Le bâtiment à la belle architecture voûtée aux allures de petite chapelle pourrait être d'anciennes écuries.

Le CIRA a été fondé à Marseille en 1965 par une poignée de militants. Le principal objectif de cette association est de collecter, de classer et d'archiver tout ce qui a un rapport avec l'anarchisme, de la louange au blâme en passant par la critique raisonnée – avec une préférence pour le favorable, il faut bien l'avouer. Le CIRA compte environ 300 membres, originaires de toutes les régions de France et de l'étranger. Au départ, cette base phocéenne était un dépôt annexe du CIRA de Lausanne, fondé en 1957. Elle est devenue petit à petit plus autonome, tout en gardant des liens avec le centre suisse. Après avoir changé d'adresse à plusieurs reprises, le CIRA de Marseille acquit en 2012 ce local atypique de la rue Consolat grâce à une cagnotte et à la vente de vin.

C'est sous le portrait de Georges Brassens, adhérent à la Fédération anarchiste entre 1946 et 1948, et celui de la révolutionnaire Louise Michel, figure du mouvement décédée à Marseille en 1905, que l'on peut consulter librement ce fonds documentaire exceptionnel, que l'on soit militant, étudiant, chercheur, écrivain, journaliste ou simple curieux. Que ce soit par la rédaction du *Monde* ou encore par des réalisateurs préparant un film, le CIRA est souvent sollicité lorsque l'on veut traiter d'anarchisme.

Adresse 50 rue Consolat, 13001 Marseille, tél. 09 50 51 10 89, cira-marseille.info | Transports en commun Métro M1, Tram T2, Bus 32/34/49, arrêt Réformés-Canebière | Horaires d'ouverture Du lundi au jeudi de 15 h à 18 h 30 et sur rdv. Le CIRA organise régulièrement des causeries et débats. Vente d'ouvrages également sur place. Emprunt possible pour les adhérents | À savoir Si pendant votre lecture d'un écrit de Karl Marx vous entendez de la musique, elle émane certainement de La Mesón, le temple du flamenco voisin. On y donne des cours, mais aussi des concerts et des spectacles (lameson.com).

23 Le chantier naval Borg

Borg, Borg… Borg to be alive !

En juillet 2017, Emmanuel Macron, fraîchement élu, s'échappait avec sa femme Brigitte pour quelques jours à Marseille. Comme il était à la recherche d'un lieu off, on murmura à l'oreille du Président le nom du chantier Borg, le dernier atelier de restauration de barquettes marseillaises. Quand le couple est arrivé sur place, il a été accueilli par le maître des lieux, Denis Borg, en short, torse nu et sandales, sans tapis rouge ni apparat. Nul doute que le chef de l'État a pu découvrir l'esprit authentique d'un Marseille qu'ont peut-être seulement connu les anciens grâce à ce lieu d'amitié façonné par trois générations de Borg depuis 1956.

Chaque recoin de cet atelier raconte une histoire, un moment de vie ou de partage. Charpentiers de marine, apprentis, artistes, visiteurs d'un soir, président, tous ceux qui sont passés ici y ont laissé des souvenirs ou des petites traces encore visibles, telle cette étonnante scénographie liturgique tapissant les murs du chantier. On se prend à imaginer que ces ex-voto marquent l'entrée d'un temple, un site de préservation et de transmission d'un certain art de vivre à la marseillaise. C'est en un sens le cas, puisque le chantier naval a été labellisé Entreprise du patrimoine vivant et Patrimoine immatériel de l'Unesco. Denis y restaure – comme son grand-père Guillaume et son père Michel – des bateaux en bois grâce à l'apport de chêne, de frêne ou encore de mélèze. À son tour, il partage son savoir-faire en invitant le grand public à façonner des barquettes en modèle réduit, afin de ressentir les matières et l'ADN du métier d'artisan d'art.

Le chantier s'est également ouvert à la décoration marine et le mobilier réalisé ici se retrouve dans les hôtels les plus branchés de Saint-Tropez – à l'antithèse de l'univers feutré et humble de ce repaire magique et intemporel. Dans l'anse du Pharo, les pieds dans l'eau, face au Mucem, il accueille tous ceux qui partagent les valeurs des ateliers d'art ou qui souhaitent les découvrir au travers d'événements qui s'ancreront sans nul doute dans leurs mémoires.

Adresse 25 esplanade du Pharo, 13007 Marseille, tél. 04 91 31 48 12, www.chantiernavalborg.com | **Transports en commun** Bus 82/82S, arrêt Le-Pharo puis 5 minutes à pied | **Horaires d'ouverture** Ouvert au public lors d'ateliers et d'événements ou sur rendez-vous afin de chouchouter votre barquette marseillaise | **À savoir** Voisin du chantier, le GRASM a pour vocation depuis 1972 la recherche en archéologie sous-marine. Ses plongeurs ont de nombreuses découvertes à leur actif, mais le centre est également ouvert au public pour des plongées loisirs et des baptêmes (www.grasm-plongee.com).

24 La chapelle de Notre-Dame-des-Anges

Ermites, serpents et Vierge Marie

Au nord du massif de l'Étoile, au pied de la montagne Baù Trauqua, se dévoile un paysage resté à l'état brut, sauvage, à l'atmosphère mystérieuse, évoquant les dolomites italiennes ou encore les météores grecs. C'est ici, sur les terres de la commune de Mimet, que se cache un lieu saint du XIIIe siècle : une étonnante chapelle troglodyte.

La légende raconte que Marie-Madeleine s'est reposée dans cette grotte sur son parcours vers la Sainte-Baume. Vers 1220, le frère Jean vint s'installer dans la montagne afin d'y vivre en ermite et fit de l'endroit un lieu de prière dédié à la Sainte Vierge. Ces cavités, qui grouilleraient de serpents, ont révélé en 1845 des squelettes ainsi qu'une bourse en cuir remplie de monnaie du XIVe siècle. C'est à cette époque, un 25 mars, que fut lancée une procession annuelle pour fêter l'Annonciation.

Au fil des siècles, plusieurs confréries d'ermites se sont succédé sur le site avant qu'un acte de 1641 entraîne leur remplacement par les prêtres de la congrégation de l'Oratoire. Deux ans plus tard ont été entrepris la construction du couvent et l'aménagement de la chapelle souterraine, puis de l'hôtellerie en 1659. Épargnée par la Révolution, Notre-Dame-des-Anges fut cédée en 1795, et le lieu devint tour à tour carrière de récupération, élevage de moutons, école, sanatorium et enfin hôtellerie. Jusqu'à la Première Guerre mondiale, le domaine accueillait encore son grand pèlerinage annuel sur le chemin jalonné de neuf oratoires, dont certains sont encore intacts.

Ce patrimoine insolite et remarquable est toujours habité par la famille Martin, acquéreur des biens dès 1927. Elle y aménagea une colonie de vacances, restée en activité jusqu'en 1987. Les propriétaires ont aujourd'hui le projet d'ouvrir de nouveau leurs portes au public avec la création d'un gîte. Parfait pour les amoureux de calme et de contemplation, notamment des superbes panoramas sur Marseille.

Adresse Route Notre-Dame-des-Anges, 13105 Mimet | Transports en commun Bus 142/142 S/145, arrêt Le Logis-Neuf – École, jusqu'au village d'Allauch, puis comptez 1 h 40 de randonnée à pied | Horaires d'ouverture Le domaine de l'Hostellerie est un lieu privé, peut-être prochainement ouvert au public, cependant le chemin et l'environnement spectaculaire valent totalement la balade | À savoir À découvrir, sur le massif, le magnifique parc départemental de la Nègre. Un premier jas fut construit ici dès 1679 par Jean Rippert, un éleveur de moutons, avant qu'une bastide y soit installée en 1737.

25 Le château de Forbin

Écrin royal pour post-graffiti new-yorkais

Du château Air-Bel à la demeure de la comtesse Lily Pastre, Marseille a perpétué à différentes époques de son histoire une tradition de mécénat, les châtelains locaux accueillant artistes et intellectuels du monde entier. L'étonnant château de Forbin s'inscrit aussi dans cette lignée. Ce superbe domaine aux portes du parc des Calanques a accueilli dès le XVe siècle le pavillon de chasse de la puissante famille de Forbin. Au XIXe siècle, elle y fit construire cette grande bastide renfermant des pépites historiques de tout premier ordre, dont un morceau du rempart du castrum Saint-Marcel.

En 2019, l'immense domaine est mis en vente. On aurait pu croire que les nouveaux propriétaires allaient maintenir fermé cet écrin exceptionnel, mais il est disponible à la location depuis 2020 pour des séjours ou des événements. Il accueille également une résidence d'artiste et l'une des plus belles collections de post-graffiti new-yorkais des années 80-90, l'origine même du street-art. Un mélange des genres inattendu imaginé par Stéphane Miquel et Caroline Pozzo di Borgo, deux collectionneurs passionnés et passionnants de la galerie marseillaise Ghost. Au final ? Un résultat époustouflant et des œuvres magnifiées par des éclairages soignés et une décoration chaleureuse, tout en raffinement, sans en faire trop – à l'image des maîtres des lieux. Ce ne sont pas moins de 130 œuvres majeures de leur collection privée et des créations réalisées sur place par les artistes en résidence qui sont ainsi dévoilées, souvent pour la première fois. Des œuvres signées notamment Dondi White, Aone Rammellzee, Futura 2000, Lady Pink, Lee Quinones…

La demeure accueille également de la photographie et toute forme d'art corrélé à cette époque new-yorkaise. Mais pourquoi marier le post-graffiti à une telle bâtisse ? Pour Caroline Pozzo di Borgo, ce fut un coup de cœur mais aussi le souhait de sortir du cliché du squat ou du vieil entrepôt et redonner ainsi ses lettres de noblesse à une forme de création longtemps jugée subversive.

Adresse 30 traverse Cavaillon, 13011 Marseille, tél. 04 91 45 39 68, lechateaudeforbin.com | Transports en commun Gare SNCF Saint-Marcel et arrêt de bus 15/15s/40/540, arrêt Saint-Marcel – Cavaillon | Horaires d'ouverture Uniquement dans le cadre d'un séjour (exceptionnel !) ou d'une privatisation pour un événement | À savoir À un peu plus d'un kilomètre du château, vous pourrez découvrir un pont-aqueduc très discret et méconnu construit vers 1870/1880. Il faisait communiquer le canal de dérivation de Marquesy avec celui de Clastre en enjambant l'Huveaune. Situé près du cinéma Les 3 Palmes, il se cache à l'ombre de son jeune frère, un pont contemporain supportant la rue Léon-Bancal.

26 Le château Régis

Un pastiche sinon rien !

C'est une bâtisse iconique qui marque de sa belle silhouette et de ses six tourelles la limite du territoire marseillais à l'est, aux frontières d'Aubagne. Ce petit écrin vert de la vallée de l'Huveaune abrite de nombreux châteaux – Saint-Antoine, la Reynarde, la Buzine, Forbin – mais un seul s'offre autant au regard de tous les automobilistes de l'A50 – certains auraient à sa vue vérifié leur GPS, pensant s'être perdus quelque part en Touraine ! C'est que cet étonnant château édifié entre 1860 et 1865 est bel et bien un pastiche du prestigieux Chenonceau.

Son nom lui vient de Louis Régis, un riche armateur et philanthrope marseillais qui souhaitait marquer les esprits grâce au talent des architectes Sixte Rey et Vaud, magnifié par les nombreuses décorations du sculpteur Émile Aldebert à qui l'on doit notamment l'un des frontons du palais de justice de Marseille. Louis Régis devait sa fortune à un négoce considérable réalisé sur la côte occidentale de l'Afrique. Il importait notamment de la gomme et des oléagineux pour la savonnerie et l'huilerie marseillaises. Il devint ensuite juge au tribunal de commerce, conseiller municipal et membre de la chambre de commerce de Marseille. Dès 1850, il achète 35 hectares de ce vaste domaine aujourd'hui morcelé tout en commençant à s'occuper activement de la Société de Bienfaisance de Marseille. Son frère, Victor, fut également le propriétaire d'un imposant château entre 1869 et 1889, celui de la Buzine situé juste à côté.

Chacun des fils Régis était destiné à hériter d'un château : la Buzine, la Reynarde et le château Régis. Mais les rejetons ont préféré en faire don à des œuvres : le premier appartient à la ville et abrite une cinémathèque, le deuxième une maison d'enfants à caractère social et le troisième fut légué en 1956 à l'œuvre Timon David. La bastide héberge désormais un établissement scolaire catholique accueillant 670 élèves ainsi que l'œuvre Notre-Dame-de-la-Jeunesse. À moins de suivre des cours ou de participer à des activités de l'œuvre, il est donc impossible d'admirer de près les superbes façades sculptées du château Régis ni de visiter son intérieur.

Adresse 59 avenue de Saint-Menet, 13011 Marseille, notredamedelajeunesse.com | **Transports en commun** Le lieu ne se visite pas mais s'admire de loin depuis votre voiture sur l'A50, ou à pied depuis les collines de la Millière et de la Barasse | **À savoir** Pour fouler légalement l'ancien domaine des Régis, promenez-vous dans les 12 hectares mitoyens du parc des 7 Collines, accessible tout au bout de la traverse de la Buzine. Vous y aurez une belle vue sur les trois fameux châteaux.

27 Le cimetière marin du Frioul

Le dernier voyage à Marseille

C'est un voyage que l'on souhaite le plus tardif possible… Depuis 2016, les deux skippers de croisières touristiques Yannick Long et Phillipe Arnaud se sont formés afin de devenir des « passeurs d'âmes », des maîtres de cérémonie accompagnant avec sensibilité et écoute des familles ou des proches pour la dispersion des cendres d'un défunt – une fusion symbolique et puissante avec Marseille, la Méditerranée et sa propre histoire. Ces obsèques prennent place au cœur d'un cimetière marin dans les eaux turquoise des îles du Frioul. Deux zones de dispersion y sont autorisées, au nord de Ratonneau et au sud de Pomègues.

Ce moment à part, certains le préparent de leur vivant depuis des années, à l'image de cette pied-noir exilée à Marseille en 1962, à l'âge de 13 ans, puis partie vivre aux États-Unis. Elle souhaitait revenir ici à sa mort et se laisser porter de nouveau vers son Afrique natale – et que ses cendres soient mélangées à du café, son péché mignon ! Pour certains, c'est un moment de retrouvailles, comme cet homme de Carry-le-Rouet dont la femme reposait dans une urne depuis des années. Ils ont été réunis après son décès grâce à une dispersion de leurs cendres au pied du château d'If. Parfois, la mort divise : les skippers ont déjà assisté à une altercation familiale en pleine mer au sujet du partage de l'héritage ; elle a ses rites personnels, comme cette fille se baignant dans les cendres de sa mère ; elle peut être volatile et taquine : un jour, un coup de Mistral a renvoyé les cendres vers la famille. Elle peut être célébrée par un long silence de recueillement ou par du hard rock joué à pleine puissance par une famille gitane pour honorer un fils disparu trop tôt.

Après la cérémonie, en petit comité, une plaque est remise symboliquement aux proches, portant une carte marine de la rade de Marseille marquée d'un point et de coordonnées GPS : un nouveau lieu de mémoire dans l'immensité de la grande Bleue.

Adresse Agence Localanque, 22 rue de la Loges, 13002 Marseille, tél. 04 84 88 51 21, www.localanque.com. Départ du bateau depuis le quai du port, dispersion de cendres ou immersion d'urne biodégradable à 300 mètres des côtes du Frioul | Transports en commun Métro M1, arrêt Vieux-Port ; Bus 60/82/82s/83/582 arrêt Quai-du-Port | Horaires d'ouverture Agence ouverte tous les jours de 9 h à 18 h | À savoir À deux pas de là, au pied de la statue du chevalier Paul de Saumeur, se niche un petit musée méconnu et trop discret, celui des Docks romains. Cette portion d'entrepôt traite de l'activité portuaire de Marseille entre le VIe siècle av. J.-C. et le IVe siècle apr. J.-C.

28 Le cimetière militaire britannique de Mazargues

Jardin de mémoire à l'anglaise… et à l'indienne

En octobre 2021, le très discret cimetière civil de Mazargues a été mis sous le feu des projecteurs puisqu'il a accueilli la dépouille de Bernard Tapie, escorté par des milliers de Marseillais en larmes. Juste à côté de ce nouveau lieu de pèlerinage se trouve une enclave militaire très peu connue, où se révèle un autre pan de l'histoire marseillaise. C'est en 1918 qu'a été créé ce surprenant cimetière britannique afin d'accueillir les dépouilles des soldats de l'empire. Il honore 1 742 soldats tombés en 14-18 et 39-45, dont 994 hindous victimes de la Première Guerre mondiale. Ces 9 021 mètres carrés sont aux antipodes du style froid et minéral des nécropoles françaises. On y entre comme dans un jardin de mémoire, tapissé d'un gazon à l'anglaise, taillé au millimètre et magnifiquement entretenu et fleuri par un seul jardinier écossais (oui, un seul !), mandaté spécialement par le Commonwealth War Graves Commission. Ici, tout n'est que symétrie et harmonie. Un jeu de bassins au pied d'une grande croix laisse s'échapper un filet d'eau le long d'un canal central. Chaque tombe est quasiment identique, teintée de différentes variations de blanc, au gré des modèles et des époques. Mais c'est dans les caractères gravés dans la pierre que la richesse de l'ancien empire britannique apparaît : lettres Devanagari indiennes, arabes d'Égypte, tombes anglaises, canadiennes, australiennes, néo-zélandaises, sud-africaines, chinoises… La sépulture du capitaine A. K Hay de l'artillerie royale mort en 1944 côtoie celle de l'hindou Valabh Devji disparu en 1918.

Marseille a servi de base aux troupes indiennes en France durant la Première Guerre mondiale. 25 000 soldats débarquèrent ainsi au port de la Joliette dès septembre 1914. Malgré tout, un siècle plus tard, ils sont très peu à connaître ou fouler le domaine ; le registre situé à l'entrée, près d'une dalle évoquant l'implication des forces britanniques dans les deux guerres mondiales, a recueilli des témoignages de visiteurs du monde entier, mais seulement quelques mots des locaux.

Adresse 24 avenue du Maréchal-de-Lattre-de-Tassigny, 13009 Marseille, www.cwgc.org | **Transports en commun** Bus 521/B1, arrêt Sainte-Trinité | **Horaires d'ouverture** Tous les jours à partir de 7 h 30 toute l'année ; fermeture à 18 h de mars à octobre et à 17 h 30 de novembre à février (parfois aléatoire) | **À savoir** À proximité se trouve l'obélisque de Mazargues, une copie de l'obélisque de la place de la Concorde à Paris réalisée en 1811 par l'architecte François Michaud pour honorer la naissance de Napoléon II. Il se trouvait à l'origine sur la place Castellane et a été déplacé en 1911 pour laisser place à la fontaine Jules-Cantini.

29_Le CIRVA

Fusion de la création et de la conception

On est d'abord happé par la chaleur et le son. Celui du souffle lent et puissant, presque animal, du four de fusion dont le feu ne faiblit jamais ; une respiration entrecoupée par les directives énergiques et très précises de Carlo, le chef d'atelier, et de Fernando, le souffleur. Au milieu de cette vibrante symphonie du verre, on distingue les chants des « pépinos », les oiseaux mascottes de ce lieu unique en Europe. En effet, ici tout est question d'harmonie et de juste équilibre : un artiste et des artisans, savoir-faire et création. L'endroit évoque une version moderne des manufactures de l'Ancien Régime. C'est justement dans une ancienne manufacture de vêtements des années 20 à la façade Art déco, sous une superbe verrière, que ce centre d'art et de recherche a posé son impressionnante machinerie.

Tout a commencé par l'exposition « Verriers français contemporains » au musée des Arts décoratifs de Paris, en 1982 : dans son discours d'inauguration, Jack Lang a annoncé 15 mesures destinées à relancer la création verrière française. Ainsi est né en 1983 le Cirva, le Centre international de recherche sur le verre d'Aix-en-Provence. Trois ans plus tard, il déménageait vers la bouillonnante Marseille et recevait son nom actuel. Ce formidable espace de réflexion et de création invite des artistes plasticiens non-verriers pour une collaboration en profitant de l'expertise technique de l'équipe du centre et des machines mises à disposition. De nombreux projets sont nés de ces échanges, comme le Kiosque des noctambules de Jean-Michel Othoniel, qui orne l'entrée du métro Palais-Royal à Paris. Et bien des artistes ont été durablement influencés par leur passage à Marseille, du célèbre plasticien américain Robert Morris au metteur en scène Bob Wilson, en passant par l'artiste Mona Hatoum ou encore le peintre Pierre Soulages. L'atelier se visite ou s'écoute sur la webradio Duuu, ce qui permet d'en ressentir l'ambiance. Il prête également sa collection de plus de 800 œuvres pour des expositions partout en France, l'occasion de découvrir quelques-unes des remarquables pièces nées de son cœur brûlant à 1 400 degrés.

Adresse 62 rue de la Joliette, 13002 Marseille, tél. 04 91 56 11 50, www.cirva.fr | **Transports en commun** Métro M2, arrêt Jules-Guesde ; Tram T2, arrêt République-Dames ; Bus 82s/582 Dames-République | **Horaires d'ouverture** Visites individuelles tous les derniers mercredis après-midi du mois sur inscription uniquement sur cirva.fr. Journées portes ouvertes lors du PAC et les Journées du patrimoine et des métiers d'art | **À savoir** En 2018 s'est (enfin) ouvert, au 2 rue Vincent-Leblanc, tout proche du Cirva, le Centre photographique Marseille, dont le but est de redonner sa place au 8e art dans la cité phocéenne (centrephotomarseille.fr).

30_La cité d'artiste du couvent Levat

Le salut des âmes… créatives

Quand les Sœurs Victimes du Sacré-Cœur de Jésus ont installé leur congrégation en 1843 sur ces 2 hectares de verdure de la Belle de Mai, elles pensaient avoir déniché l'écrin parfait pour leur vie recluse et silencieuse, dédiée à la contemplation et à la prière pour le salut de l'âme. Le quartier, bien que proche du centre-ville, était alors paisible… Mais plus pour très longtemps. Cinq ans plus tard fut érigée la gare Saint-Charles, et la ligne Paris-Lyon-Marseille traça un bruyant sillon à une centaine de mètres du couvent. Puis, en 1868, un nouveau voisin massif s'implanta sur rien de moins que 26 000 mètres carrés : la manufacture des tabacs de Marseille, employant des milliers d'ouvrières, les cigarières. Cent vingt années passèrent avant que la fumée de l'usine ne s'éteigne, laissant place aux ateliers d'artistes de la friche Belle de Mai et aux fêtes mémorables sur son toit-terrasse. Pour les 18 sœurs, la coupe est pleine et les valises prêtes ! En 2016, elles décident de rejoindre la tranquillité d'un monastère de Vendée.

La mairie rachète alors ce domaine convoité et le confie à la très inspirée association Juxtapoz. On retrouve au couvent le même esprit de réappropriation artistique qui avait fait le succès de la transformation de l'ancienne école Saint-Thomas-d'Aquin. Les équipes de l'association ont ainsi créé un tout nouvel univers peuplé d'œuvres monumentales ou intimistes, cachées dans l'ancienne étable, la chapelle ou encore le parloir…

C'est aussi un lieu dans l'air du temps, éco-engagé, réunissant expérimentation, création, production et diffusion artistique. Sur plus de 1 000 mètres carrés de bâtiment, 41 ateliers ont été imaginés pour 90 résidents en arts visuels et en métiers d'art. Le jardin s'ouvre très régulièrement au public, pour une méditation, une bière locale, un happening ou encore une récolte. Le partenariat avec Juxtapoz court jusqu'en 2025. Après cette date, un nouvel appel à projets sera lancé.

Adresse 52 rue Levat, 13003 Marseille, le-couvent.org | **Transports en commun** Bus 56, arrêt Bernard-Clovis-Hugues ; Bus 49, arrêt Belle-de-Mai, à 20 minutes à pied de la gare Saint-Charles | **Horaires d'ouverture** Jardin public : en hiver, du lundi au vendredi et le dimanche de 9 h à 17 h. En été, du mercredi au dimanche de 12 h à 23 h | **À savoir** Juste à côté, rue François-Simon, se trouve une résidence de vacances où vous pouvez également venir juste pour déjeuner, avec accès à la piscine chauffée. Cette ancienne maternité reconvertie en 2017 a vu naître Zinedine Zidane, Patrick Bosso ou encore le sculpteur César (villagesclubsdusoleil.com).

31 La citerne des Moulins

L'Empire du côté obscur

Dans la bien nommée rue des Muettes, le silence est d'or et le secret bien gardé ! Difficile d'imaginer ce qui se cache derrière le discret portail du n° 4 de cette petite artère du Panier. Et pour cause, les portes de ce lieu étonnant ne s'ouvrent qu'à de très rares occasions, lors des Journées européennes du patrimoine ou durant des événements culturels, tels la biennale Manifesta en 2020 avec l'installation artistique d'Amy Lien et Enzo Camacho. L'Ahp, un spectre lumineux du folklore cambodgien se nourrissant notamment d'eaux croupies, hantait alors cette cavité sombre et mystérieuse. Il fut aussi un terrain de jeu insolite pour le groupe marseillais IAM, qui a réalisé ici un combat épique aux pistolets lasers pour le clip de son célèbre single de 1997 *L'Empire du côté obscur*, un hommage à la saga *Star Wars*.

Cette citerne d'une capacité de 12 000 mètres cubes fut construite en plusieurs étapes depuis le Moyen Âge avant d'être achevée en 1852 sous le point culminant du quartier, la place des Moulins – l'emplacement probable du temple d'Athéna Polias à l'époque de Marseille la Grecque. Le charme de cet immense réservoir émane de son architecture constituée de petites voûtes en briques reposant sur 160 piliers en pierre de Cassis hauts de 5 mètres. Sur ces voûtes, leurs concepteurs avaient placé une couche de terre végétale d'environ un mètre d'épaisseur afin d'intercepter l'action du soleil sur les eaux. Depuis, la surface supérieure a été recouverte pour l'aménagement de la place sur laquelle on dénombra jusqu'à une quinzaine de moulins à vent ; il n'en reste aujourd'hui plus que trois dénués de leurs ailes.

Cet immense réservoir fut terminé en même temps que celui de Longchamp et que celui de la colline Bonaparte-Puget, permettant ainsi de régulariser l'alimentation en eau de la ville. Par la suite, le déclin de la citerne des Moulins coïncida avec la construction du bassin de Sainte-Marthe. Et depuis, le lieu attend patiemment un projet durable qui pourra magnifier sa magistrale structure. Mais il faudra d'abord régler ses soucis d'étanchéité, comme en témoignent les milliers de petites stalactites grises qui rajoutent à sa singularité.

Adresse 4 rue des Muettes, 13002 Marseille | Transports en commun Métro M1, arrêt Colbert – Hôtel-de-Région ; Tramway T2, arrêt Sadi-Carnot ; Bus 49, arrêt Caisserie-Beauregard | À savoir Non loin de là, rue Guintrand, se trouve un autre lieu historique à sec : le Barquiou, la première fontaine-lavoir de la ville épiscopale au Moyen Âge et qui serait encore aujourd'hui la doyenne des fontaines de la ville.

32 Le Club Marseillais de modélisme ferroviaire

Un mini Midi en version maxi

Il est précisément 18 h 14 sur l'horloge de la gare de Bandol, la cultissime voix de Simone Hérault annonce l'arrivée imminente du TER n° 881639 en provenance de Marseille la Blancarde. Au même moment, sur les hauteurs de la Couronne, un Canadair et des marins pompiers affrontent un terrible incendie, alors que le bateau de pêche de Jacques rentre au port d'Ensuès-la-Redonne chargé de girelles. À la même seconde, René, grisé par sa nouvelle jeep noire, est pris en excès de vitesse par la patrouille, tandis qu'on enterre tata Huguette dans un petit cimetière près de Saint Victoret… Nous ne sommes pas dans un remake provençal du *Fabuleux destin d'Amélie Poulain*, mais bel et bien sur l'impressionnant terrain de jeu et d'imagination de 200 mètres carrés des membres du club marseillais de modélisme ferroviaire.

C'est un lieu étonnant, hébergé dans une ancienne pension pour conducteurs de train, à quelques mètres des voies ferrées et de la rotonde Pautrier. La pièce grouille de sons et de lumières, abritant un réseau de 680 mètres de rails comportant 120 aiguillages. On peut y découvrir à l'échelle 1/87 la nouvelle ligne du TGV Méditerranée et sa gare d'Aix-en-Provence, agrémentée de plusieurs ouvrages d'art tels que les viaducs de Vernegues et de Roquefavour. La balade nous transporte des raffineries de Berre vers les gares de Miramas, de Marseille-Saint-Charles ou encore d'Ensuès-la-Redonne. Ce petit bout de Provence est constellé de détails et de scénettes, jusqu'au panneau « non à la zone industrielle » planté dans les terres d'une ferme bio !

La section des Modélistes a été créée en 1983 sous l'égide de l'Union artistique et intellectuelle des cheminots français. Actuellement ce sont 40 passionnés, dont un tiers n'a pas de lien direct avec la SNCF, qui créent et entretiennent chaque semaine cet univers miniature ultraréaliste. Pour la curiosité, le club a même réalisé un circuit de trois trains dans un étui de violoncelle qui leur a valu un trophée.

Adresse Espace Bénédit, 13 rue Bénédit, 13001 Marseille, aacm.cmmf.free.fr | **Transports en commun** Tram T2, arrêt Longchamp ; Bus 49/582, arrêt Bénédit | **Horaires d'ouverture** Tous les samedis matin de 8 h à 12 h sur rendez-vous au 06 46 42 56 90 et aacm.benedit@gmail.com | **À savoir** Lors de certaines Journées du patrimoine, on peut découvrir autrement qu'en maquette (réalisée en 2020) l'étonnante rotonde ferroviaire Pautrier, bâtie en 1889 et dotée d'une plaque tournante centrale.

33 Le Collet des Comtes

Ascension et exploration

Il en est souvent malheureusement ainsi à Marseille : si, dans un écrin de verdure, on ne trouve pas la moindre trace au sol d'un Capri-Sun, c'est la preuve que l'on se trouve dans un endroit rare et méconnu ! C'est le cas de l'étonnante colline du Collet des comtes culminant à 94 mètres d'altitude. Ceinturée à son pied par des villas et des lotissements aux toponymes évoquant la Grèce (allée de Rhodes ou d'Ithaque), une vue spectaculaire et inédite à 360 degrés se dessine pourtant à son sommet marqué par les vestiges d'un bunker allemand. D'ici on aperçoit, toute proche, une autre butte panoramique et historique, l'oppidum des Baou de Saint-Marcel. Mais cet ancien site d'habitation fortifié celto-ligure, fondé au premier quart du VIe siècle av. J.-C. n'est que très rarement ouvert au public.

La difficile ascension du Collet des Comtes démarre le long de l'avenue des Butris, du nom d'un ancien hameau du XVIIIe siècle. De petits sentiers pentus s'enfoncent alors dans une forêt très dense, pourvus de petites marches creusées dans la terre puis dans la paroi rocheuse. On peut admirer au loin la Méditerranée et, plus proche, la tourelle du château du parc de la Mirabelle, l'ancien village fortifié de Saint-Julien ou encore le monastère de la Serviane.

L'exploration du domaine se poursuit en contrebas dans le petit hameau historique fondé par Bernard Comte au XVe siècle. Dans sa très pittoresque traverse éponyme se cacheraient au n° 10, au milieu des broussailles, les restes du château d'Enrivilles. En chemin, on découvre au n° 56 la bastide des Comtes datant du XVIIe siècle et, au n° 25, la petite chapelle de Notre-Dame-du-Rosaire. Elle fut bâtie et financée par les habitants en 1697 et préservée de la destruction durant la Révolution. Les stations 6 à 12 du chemin de croix sont encore visibles, disposées en arc de cercle dans un terrain appartenant à la mairie mais inclus dans le parc de la résidence Clairville. On trouve également, dans la résidence de Clairval voisine, les vestiges d'une villa gallo-romaine ainsi que ceux des premiers fours à faïence de Marseille.

Adresse Départ au niveau de l'avenue des Butris, 13011 Marseille | **Transports en commun** Bus 10/91, arrêt Les-Cigalons | **À savoir** Poursuivez jusqu'aux 2 hectares du parc de la Mirabelle, célèbre pour ses marronniers centenaires et pour son château de 1894, bâti pour Rémy et Henri Long, courtiers en tourteaux – non pas les crabes, mais les résidus solides de l'extraction d'huile.

34 La colline du Verduron

Promenade jusqu'au Pain de sucre

Le chemin de la carrière s'arrête subitement au pied de la garrigue et de la belle et méconnue colline du Verduron, parsemée de curiosités patrimoniales. Ici, pas de parking en bonne et due forme. L'habitant de la dernière maison de ce bout du monde, alerté par les aboiements de ses chiens, vous conseillera peut-être très aimablement de vous garer contre les bambous, histoire de ne pas bloquer le passage. Un petit sentier mène à droite vers l'entrée cachée d'une minuscule grotte – en réalité très profonde, mais rebouchée avant de futures explorations officielles. Attiré par un aqueduc, on accède aux ruines de la carrière Paul & Pons. Ce pont permettait à une dérivation du canal de Marseille, le Canalet, d'alimenter le concasseur et de broyer les pierres.

Le site abandonné sert aujourd'hui de base d'entraînement à l'escalade avec sa paroi de 20 mètres de haut et ses 15 voies. À mi-chemin du sommet de la colline, on découvre les vestiges d'un bunker allemand. Sa position stratégique lui permettait de dominer toute la rade de Marseille. La vue y est spectaculaire ! C'est ici, dans la journée du 27 août 1943, que ce dernier bastion de l'occupant du secteur nord fut conquis. Les soldats allemands y luttèrent avec l'énergie du désespoir et capitulèrent seulement après avoir rendu inutilisables leurs armes lourdes.

En remontant vers la droite, à 195 mètres d'altitude, se dévoile un autre pan d'histoire avec l'oppidum du Verduron. Il fut découvert par hasard en 1905 par le sculpteur marseillais Stanislas Clastrier qui défrichait son terrain. Ce village fortifié celto-ligure, fondé à la fin du IIIe siècle av. J.-C., était composé à l'origine de 37 cellules d'habitat de 14 mètres carrés chacune. En péril malgré son classement aux monuments historiques, le site, localement appelé le Pain de sucre, a pu être restauré en 2017 grâce à une aide du conseil départemental des Bouches-du-Rhône. Des balades de découverte y sont à présent (et enfin) proposées par la coopérative Hôtel du Nord, les experts de ce territoire, en partenariat avec le musée d'Histoire de Marseille.

Adresse Chemin de la Carrière, 13016 Marseille | Transports en commun Bus 96, arrêt Eydoux-Pelouque puis 1,3 kilomètre à pied | À savoir En haut de la colline du Verduron, face à la mer, vous pouvez partir sur la droite vers le bassin de Séon pour une magnifique promenade et une découverte incongrue : l'épave d'une Simca Aronde P60 de 1959 rongée par la rouille et mystérieusement noyée dans la garrigue, loin de toute route.

35 Le Conservatoire du patrimoine médical

Visite sans ordonnance

L'histoire de la médecine marseillaise a rarement été aussi mise en lumière que pendant la crise sanitaire du Covid-19 : on a évoqué la peste de 1720, l'hôpital de quarantaine du XIXe siècle au Frioul et l'on a vu naître une icône controversée en la personne de Didier Raoult, déclinée en savon et même en santon ! Au-delà de la frénésie médiatique, il existe un lieu méconnu et passionnant dédié à cette histoire.

En 1996, le chirurgien Yves Baille a l'idée de fonder un conservatoire pour réunir, mettre en valeur et exposer un patrimoine négligé, composé de centaines d'objets récupérés lors de la fermeture d'hôpitaux ou légués à l'AP-HM. Il avait pour ambition de créer un musée, mais le manque de moyens et les autres priorités de l'AP-HM ont jusqu'à présent empêché ce projet de voir le jour. Passé par la Timone puis l'hôpital Salvator, le conservatoire a rejoint une aile discrète de l'hôpital Sainte-Marguerite en 2015. Ce lieu insolite géré par sept bénévoles renferme de vrais trésors, dont de nombreuses pépites provenant de l'hôpital de l'Hôtel-Dieu, fermé en 1996.

On y découvre une statue de Guillaume de Vair de 1628 ou encore un monumental coffre-fort à l'ingénieuse protection à trois clés. D'autres éléments sont plus typiques du milieu médical, comme le biberon en verre Robert dont l'argot s'est emparé pour désigner les seins des femmes, un irrigateur pour lavages vaginaux offert en cadeau (contraceptif) de mariage, ou encore une seringue pour baptême intra-utérin permettant d'asperger d'eau bénite un bébé décédé dans le ventre de sa mère afin qu'il puisse accéder au paradis ! Autre point fort de la visite, un tableau connu de tous les ophtalmologistes : il représente Jacques Daviel opérant l'ermite d'Eguilles en 1741. Cette intervention réalisée à l'hôpital de l'Hôtel-Dieu a révolutionné le traitement de la cataracte. Le conservatoire présente également des documents, des planches explicatives, ainsi que des reconstitutions de cabinets médicaux pour une immersion complète dans les pratiques d'une autre époque.

Adresse Hôpital Sainte-Marguerite, pavillon 3, 270 boulevard de Sainte-Marguerite, 13009 Marseille | **Transports en commun** Bus 46/46S, arrêt Viton – Hôpital-Sainte-Marguerite | **Horaires d'ouverture** Visites sur rendez-vous au 04 91 74 51 70 et sur patrimoinemedical.univmed.fr uniquement par petits groupes d'une dizaine de personnes | **À savoir** Vous pouvez toujours soigner votre santé à l'Hôtel-Dieu, devenu un hôtel-restaurant, avec une cure de cuisine du chef Lionel Levy (une étoile au *Guide Michelin*) ou grâce à une prescription du cocktail « Porn Star Martini » (c'est bien son nom) du bar Le Capian.

36 Le Coq Gourmand

La cave secrète de Louis XV

Plus qu'une simple cave à vin comme on en connaît des dizaines dans les grandes villes, Le Coq Gourmand, avec son dédale de silos superbement conservées datant de l'époque du roi Louis XV, constitue une véritable descente dans l'histoire de Marseille. On entre ici en sonnant et en patientant, parfois longuement… En effet, la propriétaire des lieux, Claudine Hoang, est certainement à plus d'une trentaine de mètres de là, dans les entrailles de sa boutique, en train de réapprovisionner ses 500 mètres carrés de cave ! Une fois le sésame obtenu, la grande porte rouge s'ouvre sur un véritable cabinet de curiosités à la charpente composée de mâts de bateaux du XVIIIe siècle. S'y mêlent harmonieusement produits du terroir, objets anciens, tableaux, spiritueux et bien évidemment une impressionnante collection de bouteilles de vin du Sud, dont 70 % sont des créations de vigneronnes.

Mais pour découvrir le véritable joyau, il faut en demander la permission, celle de descendre les très raides escaliers menant à une improbable série d'anciens silos à huile, à grain et à vin, tapissés de carreaux vernissés rouges. Il s'agit d'un réseau souterrain redécouvert en 1948 et s'étendant jusqu'à la rue Sainte, dont une partie n'a pas encore été déblayée et explorée, entretenant le mythe d'un trésor dissimulé. Les cuves ont été maintenues en usage jusqu'en 1860 malgré le démembrement de l'Arsenal des Galères et la vente des lieux à des propriétaires privés. Elles servaient de réserve d'huile pour les savonniers et de réserve de vivres et de vin pour quelque 20 000 navigants et sédentaires.

La cave propose aujourd'hui des vins de producteurs très abordables ou des crus de célébrités, de Depardieu à Trintignant, dont ceux produits par l'acteur Pierre Richard et portant la devise « Bon, sans cinéma ». Un slogan qui s'accorde aussi très bien au Coq Gourmand, simple, authentique, avec cet essentiel supplément d'âme. Une boutique à découvrir en journée, mais aussi en soirée, pour une dégustation ou une exposition.

Adresse 39 rue Fort-Notre-Dame, 13001 Marseille, tél. 04 91 33 39 64, cave-a-vin-et-whisky.fr | **Transports en commun** Métro M1, arrêt Vieux-Port ; Bus 41/49/54/55/61/80/81/518/521/540, arrêt Place-de-la-Corderie | **Horaires d'ouverture** Du mardi au samedi de 10 h à 12 h 30 et de 15 h à 20 h | **À savoir** Juste en face, le 38 rue Fort-Notre-Dame accueille dans une cour intérieure une belle auberge de jeunesse, bâtie sur le territoire d'une savonnerie dont la grande cheminée en brique rouge a été conservée. On y trouve également à l'extérieur quelques marches en pierre du XVIIe siècle de ce qui serait le plus ancien escalier de Marseille.

37 Le couvent des Dominicains de Marseille

Le nom de la rose… et du chien

Dans le célèbre roman d'Umberto Eco, *Le Nom de la rose*, les frères d'une abbaye se coupent du monde extérieur. Ici, au couvent des Dominicains de la rue Edmond-Rostand, ils ont plutôt tendance à chercher le partage avec le public – fait assez rare pour le souligner. Mais la rose, emblème exclusif de la Vierge, y est également omniprésente. On la retrouve partout, en couleur sur les murs, en vitraux, en sculptures et dans les piliers orientalistes soutenant la structure très atypique. Autre détail surprenant, la présence très marquée du chien, symbole de l'ordre des dominicains. On le repère sur de très nombreuses œuvres de l'édifice, tenant une torche pour éclairer le monde. Le couvent des Dominicains et son cloître doivent leur architecture audacieuse et leur riche décor à Pierre Bossan, célèbre notamment pour la conception de la basilique Notre-Dame de Fourvière à Lyon.

Ce lieu est aussi chargé d'histoire. Le couvent a été fondé en 1225 vers la rue Saint-Ferréol, puis supprimé en 1790, avant d'être restauré ici en 1878 grâce au mécénat d'Anne-Rosine Noilly-Prat, héritière de la célèbre usine de vermouth voisine. Les initiales « NP » sont d'ailleurs encore visibles sur une façade en regardant par les fenêtres du couvent. Il est également étonnant de retrouver, sur les portes en bois de l'église, le cachet et les scellés de l'expulsion des moines résultant des lois de 1905 ; ils ne purent réintégrer les lieux qu'en 1921.

Peut-être que l'un des frères vous montrera la minuscule salle de la chaudière, en sous-sol, qui servit entre 1940 et 1942 de cachette aux Juifs persécutés. Aujourd'hui, le lieu affiche une véritable volonté de s'ouvrir à tous grâce à son foyer étudiant, sa riche bibliothèque comprenant 30 000 livres sur 1 600 mètres de rayonnage, son centre Cormier de 160 places et ses nombreuses activités intellectuelles, culturelles et spirituelles. Sans oublier, bien sûr, la visite libre de sa très intéressante église florale.

Adresse 35 rue Edmond-Rostand, 13006 Marseille, marseille.dominicains.com | Transports en commun Métro M1/M2, tram T3, bus 41/73/74/521, arrêt Castellane | Horaires d'ouverture Bibliothèque : tous les jours de 9 h 30 à 11 h 30 sur rendez-vous. Couvent : à trouver sur marseille.dominicains.com/horaires | À savoir Au 165-167 rue Paradis se trouve l'hôtel particulier de la famille Noilly-Prat, encore marqué de son sceau. L'usine du n° 150, qui à son apogée occupait 10 000 mètres carrés et employait 120 ouvriers, a aujourd'hui disparu.

38 Le crassier du vallon de la Barasse

Le lac rouge devenu plaine verte

Sur les hauteurs du chemin du Vallon-de-la-Barasse, on est surpris de découvrir une majestueuse et immense plaine boisée de 6,5 hectares, très différente de la configuration habituelle des paysages des massifs de l'est de Marseille. À cela il y a une raison… enfouie : ce vaste domaine n'a rien de naturel puisqu'il fut utilisé par Péchiney pendant des décennies afin d'y déverser 2,5 millions de mètres cubes des tristement célèbres boues rouges, formant un véritable lac couleur ocre.

Cet ancien crassier entouré des impressionnants vestiges de mines, de carrières, de fours à chaux et du téléphérique de Saint-Marcel et ses rouages rongés par la rouille est à l'épicentre d'une étonnante exploration sur les traces du passé industriel marseillais de l'alumine. De 1908 à 1988, l'usine située en contrebas le long de l'Huveaune produisait jusqu'à 900 tonnes d'aluminium par jour, dégradant profondément le vallon. Des dizaines d'années après sa fermeture en 1966, le crassier fut recouvert par l'industriel de 3 mètres de terre, puis végétalisé en partenariat avec l'Office National des Forêts. On y planta des pins d'Alep, des pins eldarica, des pins à pignons ou encore des cèdres, des frênes à fleurs et des oliviers de Bohême, contribuant à donner à cette partie du massif de Saint-Cyr un aspect naturel atypique accentué par la rougeur de la roche le ceinturant.

C'est en 1992 que le département a fait l'acquisition de ces 800 hectares de collines, fief de la source des Eaux vives. Ce superbe territoire, très peu fréquenté, surprend par sa nature sauvage et diversifiée, densément arborée ou totalement sèche. Perdreaux, lapins, écureuils, renards et sangliers fréquentent les vallons parsemés d'anciennes bergeries qui mènent jusqu'aux pieds du mont Saint-Cyr et du sommet de Carpiagne, qui culminent tous deux à plus de 600 mètres d'altitude. Sur leurs contreforts, on découvre de magnifiques points de vue avec la chaîne de l'Étoile en point de mire. Pour les moins courageux, la plaine est un lieu idéal pour un pique-nique en famille.

Adresse Chemin du Vallon-de-la-Barasse, 13011 Marseille | Transports en commun TER Gare de la Barasse ; Bus 15/40/50/540 arrêt La Barasse puis comptez 45 minutes de randonnée à pied jusqu'au crassier | Horaires d'ouverture Parc départemental ouvert en permanence. Il est interdit de dépasser les limites du périmètre du champ de tir du camp militaire de Carpiagne | À savoir Sur les hauteurs, on peut rejoindre la source des Eaux vives à l'ombre de deux conifères. Parfois totalement asséchée, elle peut aussi accueillir des milliers de têtards dans ses nombreux trous d'eau parsemant le lit du ruisseau. Une petite plaque indique son nom et son altitude.

39 La croix de Saint-Marcel

Où Bouddha envoie un signe à Jésus

Ce calvaire surplombant à 302 mètres d'altitude le parc de la Forbine a été érigé le 30 mars 1947 comme symbole de la libération du village de Saint-Marcel, mais la croix d'origine a été victime en 1973 d'une guerre de clocher – elle a été sciée par des vandales que l'on dit venus du quartier de la Barasse. Une nouvelle installation, offerte par l'entreprise Gensollen, a été mise en place quelques mois après. Depuis, la croix trône en paix, dressée sur son piton rocheux telle une magnifique vigie à 360°, permettant de contempler la multitude de curiosités qu'offrent ces vallons peu fréquentés du quartier Saint-Marcel.

Tout au nord se dresse le massif de l'Étoile et les 710 mètres du Pilon du roi. À l'ouest, la Bonne Mère contemple la baie de Marseille… puis un étrange gong retentit avec écho ! Au pied de la colline serpente une étonnante allée de statues de Bouddha menant à la pagode vietnamienne Trúc Lâm. Le temple, qui détonne dans cette carte postale provençale, réserve toujours un accueil chaleureux, même aux non bouddhistes, pour des séances de tai-chi-chuan, des déjeuners ou une visite de la salle richement ornementée de l'autel du « Bienheureux ».

Le panorama laisse également entrevoir la chapelle Notre-Dame-de-Nazareth, méconnue et pourtant l'un des plus vieux monuments marseillais, abritant un des plus anciens autels de France datés du VIe siècle. Juste à côté, on aperçoit les vestiges du castrum Saint-Marcel, l'une des rares traces du Moyen Âge qui subsiste encore dans la cité phocéenne (voir chap. 20). Un peu plus bas se dévoile l'ancien maître de tout ce domaine naturel, le château de Forbin, une superbe bastide du XIXe siècle, renfermant depuis 2020 une riche collection de post-graffiti new-yorkais (voir chap. 25). À ses côtés, caché dans la forêt, se niche à l'ombre un très agréable petit sentier d'un peu plus d'un kilomètre, longeant une dérivation du canal de Marseille. Le parc de la Forbine est un superbe terrain d'exploration, à la croisée de trois religions… catholicisme, bouddhisme et culte de dame Nature !

Adresse Boulevard de la Forbine, 13011 Marseille | **Transports en commun** Bus 15/15s/40/540, arrêt Saint-Marcel-Cavaillon, puis 700 mètres à pied pour rejoindre le début du sentier | **À savoir** Créé en 1996 afin de lutter contre les inégalités d'accès à la culture, L'Affranchi propose des concerts ainsi qu'une plateforme de soutien aux artistes locaux. Dédié aux musiques urbaines et en particulier au rap français, il détonne dans le calme du quartier Saint-Marcel (www.l-affranchi.com).

40_Daki Ling

Son histoire ? Tout un cirque !

L'entrée discrète et sans faste de cette salle de spectacle, poumon culturel de la rue d'Aubagne, ne laisse rien paraître des huit cents ans d'histoire imprégnant ses murs. Bien avant le Daki Ling, en 1258, on érigea ici le couvent des Augustins. Sa voûte en arcs brisés reposant sur deux rangées de sept piliers se cache d'ailleurs toujours à l'intérieur. Mais l'édifice fut en partie rasé en 1361 afin de défendre la ville contre une armée de brigands. Au XVIe siècle, les lieux ont été transformés en entrepôts par la famille Sollicoffre, une dynastie de riches négociants et banquiers d'origine suisse. La rue d'Aubagne, alors nommée chemin de Notre-Dame-du-Mont, était encore loin d'être l'artère grouillante que l'on connaît aujourd'hui : seules trois maisons se dressent autour de l'auberge Le Logis d'Aubagne. La faillite des descendants des Helvètes en 1739 entraîna le rachat des locaux par l'imprimeur Auguste Mossy. Ce Marseillais, le premier républicain de la ville, joua un rôle important dans la vie politique locale sous la Révolution française et sous le Premier Empire. Au moment de l'institution à Marseille des trois mairies, créées par la Constitution de l'an VIII, il est nommé maire du centre en 1800 et installe les locaux de la municipalité dans son imprimerie du 45 rue d'Aubagne. Les bâtiments ont ensuite abrité une salle de jeu de paume, des cours communaux, puis une « école spéciale de musique et de chant ». En 1855, on y créa une salle de ventes, qui ferma ses portes en 1981 mais dont il subsiste des enseignes gravées indiquant « commissaires-priseurs » rue d'Aubagne et rue Chateauredon.

Dans un premier temps espace de répétition pour le théâtre des Bernardines, c'est en 2001 que naît (enfin) le Daki Ling, « le jardin des Muses » en langue sanskrit. Initialement pluridisciplinaire, le lieu s'est aujourd'hui recentré sur l'univers clownesque et burlesque par le biais de résidences d'artistes, de création de spectacles, de stages et de représentations. Ces artistes apportent une véritable bouffée d'air frais et d'éclats de rire – ils ont su redonner un peu de joie à la rue d'Aubagne, endeuillée le matin du 5 novembre 2018 par l'effondrement des numéros 63 et 65.

Adresse 45A rue d'Aubagne, 13001 Marseille, dakiling.com | **Transports en commun** Métro M1, arrêt Noailles ; Tramway T2, arrêt Canebière-Capucins ; Bus 81, arrêt Lieutaud – Cours-Julien | **Horaires d'ouverture** Consultez la riche programmation sur leur site internet | **À savoir** Derrière deux très belles devantures couleur rouge et taupe du 1 rue Chateauredon se cache Claude Roffat et les bureaux de sa revue *L'Œuf sauvage*, une référence pour les amateurs français d'art singulier.

41 Le dernier vestige du pont transbordeur

La tour Eiffel marseillaise transformée en bancs du Frioul

Inauguré le 15 décembre 1905 après seulement dix-neuf mois de construction, le pont transbordeur de Marseille faisait figure de tour Eiffel locale. Il était constitué d'une impressionnante structure métallique : deux pylônes supportant un tablier de 239 mètres de longueur de sorte qu'il flotte à 50 mètres au-dessus de la mer. Suspendue par des câbles, une nacelle de 120 mètres carrés lourde de 20 tonnes vous emmenait d'une rive à l'autre, reliant le quai du Port au quai de Rive-Neuve en une minute et trente secondes. Et à son sommet, on pouvait déguster langoustes et bouillabaisse au cœur d'un restaurant panoramique.

Le 22 août 1944, l'armée allemande le fait sauter dans un incroyable fracas. L'objectif des occupants ? Obstruer l'accès maritime au centre-ville lors de la bataille de Marseille. Mais seul le pylône nord s'abat alors dans les eaux chamboulées du Vieux-Port. Le reste s'écroula le 1er septembre 1945, à la suite de la mise à feu de 400 kilos d'explosifs. Pour certains habitants de l'époque, ce fut un drame, pour d'autres une satisfaction de voir cet amas de ferraille disparaître du paysage marseillais !

Mais alors que l'on pensait toute trace du pont définitivement disparue, on découvrit avec étonnement au Frioul, sur l'île de Ratonneau, une des embases du pont. C'est sur quatre soubassements circulaires blancs en pierre de Cassis que reposaient les deux pylônes massifs de 86,60 mètres de haut et de 240 tonnes chacun. Ce vestige sert aujourd'hui de banc public, orné en son centre de plantes méditerranéennes ! D'autres parties, disséminées alentour en de nombreux morceaux, servent de sièges panoramiques avec vue sur la rade de Marseille. Pourquoi ces vestiges ont-ils terminé leur vie au Frioul sans le moindre panneau explicatif plutôt qu'au Vieux-Port, cela reste encore un mystère. Le projet d'un nouveau pont transbordeur a été abandonné par la mairie de Marseille en 2017.

Adresse Frioul, île de Ratonneau, 13007 Marseille | Transports en commun Navette maritime vers le Frioul au départ du Vieux-Port, puis 5 minutes à pied. On peut apercevoir les vestiges en bifurquant à droite du chemin de Saint-Estève avant le centre sportif Le Blanc | À savoir Assis sur le banc « transbordeur », en regardant vers le nord, on fait face à l'ancienne carrière du Frioul, exploitée de manière discontinue de 1822 à 1878 par les Ponts et chaussées pour construire la digue du Large, le palais de la Bourse ou encore la porte d'Aix.

42 Les dinosaures du tunnel de la Nerthe

À cent millions d'années du train-train quotidien

Sur les collines sauvages et accidentées du massif de la Nerthe sont disséminées 24 intrigantes cheminées en briques, espacées méthodiquement de 200 mètres les unes des autres. Ces vestiges de 2 à 4 mètres de hauteur plongent dans la roche jusqu'à 185 mètres de profondeur. Il s'agit en réalité de puits d'attaque et d'aération : ces étonnants totems noyés dans la garrigue ont permis le forage et le creusement du spectaculaire tunnel ferroviaire de la Nerthe. Réalisés de 1843 à 1847, ses 4 633 mètres en faisaient le plus long du monde pour son époque, jusqu'à ce que le tunnel du Fréjus lui vole la vedette. Chaque puits était déporté de 10 mètres sur la gauche par rapport à l'entrée et à l'axe de la galerie. L'objectif de cet ouvrage d'art colossal, dirigé par Paulin Talabot, était de relier Avignon à la cité phocéenne via la ligne Paris-Lyon-Marseille. Ce tunnel fut le plus meurtrier jamais percé en France. Sur les 8 500 ouvriers qui travaillèrent à sa réalisation, 300 trouvèrent la mort et 400 autres furent grièvement blessés. Mais de ce chantier chaotique gangrené par des sols particulièrement instables émergèrent au grand jour des trésors insoupçonnés. Le responsable du percement du tunnel était Philippe Matheron, surnommé « le père de la géologie provençale ». Dans ses entrailles, il fit d'incroyables trouvailles : la première découverte d'ossements de dinosaures de l'histoire de la paléontologie française !

« Un reptile monstrueux », furent les termes employés par Matheron. Des fragments d'œufs et des os de 180 centimètres ont été aussi mis au jour, certainement le cubitus d'un dinosaure sauropode. Cette famille de quadrupèdes herbivores comprenait le brachiosaure, le diplodocus et le sauroposeidon, les plus grands animaux ayant vécu sur Terre avec la baleine bleue ! Si cette histoire était un peu plus connue, peut-être qu'au-delà de la fameuse « sardine qui a bouché le Vieux-Port », le Marseillais aurait ajouté à son catalogue de légendes « le dinosaure qui a bloqué le tunnel de la Nerthe » !

Adresse Vallon de Riaux, chemin de la Nerthe, 13016 Marseille | Transports en commun Pour le cœur du tunnel, prenez un train de Saint-Charles en direction de Paris. Pour les « cheminées » et apercevoir l'entrée du tunnel, prenez le bus 36 jusqu'à l'arrêt Fillat-Falaise puis comptez 30 minutes de marche jusqu'aux premiers puits | À savoir À découvrir sur le chemin de la Nerthe, la chapelle médiévale de Notre-Dame-de-la-Galline, un nom lié à la statue de l'Enfant Jésus portant sur son bras une poule qu'elle accueille.

43 Le domaine Cossimont

Patrimoine historique en mode autodestruction

Une bastide, un château et une chapelle du Moyen Âge, 24 cheminées en brique, des chèvres du Rove, une carrière, un mur anti-tanks, un site archéologique du IIIe siècle avant J.-C, des carcasses de voitures calcinées au milieu de déchetteries sauvages, le tout ponctué par des panoramas incroyables… bienvenue au contrasté massif de la Nerthe et son domaine Cossimont. Un site riche en patrimoine, délaissé et malmené de façon parfois surprenante.

Au XVIIIe siècle se trouvaient ici les pavillons de chasse et les bâtiments agricoles du marquis de Marignane et des îles d'Or. Mais la description des lieux de 1878 ne reflète plus la réalité actuelle. Les aménagements encore visibles dateraient du premier quart du XXe siècle, après le partage des biens de Pierre Sacoman, célèbre fabricant de tuiles marseillais. En 1902, le domaine revient à l'une de ses filles avant son acquisition par la Société Coloniale des Chaux & Ciments. Le directeur de la société, André Lindenmeyer, s'y serait alors domicilié et Cossimont aurait alimenté en fruits et légumes les ouvriers de la cimenterie voisine toujours existante. Cet ensemble a ensuite abrité un luxueux centre aéré accessible aux enfants des ouvriers de Lafarge, dont la piscine est à présent recouverte par la garrigue. Les dépenses d'entretien du site auraient incité l'entreprise à détruire elle-même le domaine pour éviter tout squattage.

Au milieu des ruines, on trouve encore de belles curiosités avec de nombreuses rocailles, dont une niche à chien datée de 1910. Les vestiges de jardins, de vergers, d'une orangerie côtoient un puits récemment remis en activité par des passionnés et les restes de belles cheminées.

C'est en remontant sur les hauteurs vers un énigmatique cube en ferraille, après avoir longé l'ancienne bergerie, que le domaine révèle son plus beau trésor : une vue époustouflante sur Marseille dans un axe nord-sud inédit, survolé de près par les avions en phase d'atterrissage vers l'aéroport de Marignane.

Adresse La Carrairade, 13016 Marseille | **Transports en commun** Le site, isolé, est très éloigné des transports en commun, une grande et longue randonnée depuis l'Estaque peut vous permettre de vous y rendre à pied, sinon privilégiez la voiture. Parking possible en bordure du domaine | **Horaires d'ouverture** Le site ouvert aux quatre vents appartiendrait encore à Lafarge mais se visite en respectant les lieux | **À savoir** À découvrir à deux kilomètres à pied les vestiges de l'oppidum de la Cloche, un site archéologique du IIIe siècle av. J-C.

44 Le Don du Vent

Histoire de passion et de transmission

Il a fallu dix longues années avant qu'Ulysse ne parvienne enfin à retrouver Ithaque. C'est aussi le temps nécessaire pour que le rêve de nouveau départ de Benoit et Fanny se réalise. Ce jeune couple, lui skipper, elle artiste peintre, a attendu patiemment que les étoiles s'alignent afin de reprendre en 2020 la barre du *Don du Vent*, l'un des plus beaux bijoux du patrimoine maritime marseillais. Philippe Derain, son ancien propriétaire, attendait pour son vieux gréement une nouvelle génération de passionnés, comme un miroir de sa propre aventure familiale, car le superbe ketch aurique de 32 mètres de longueur cache sous ses ponts en chêne, en pin d'Oregon et en Iroko une véritable âme et une passionnante histoire. Contrainte au désarmement après la Première Guerre mondiale, l'Allemagne entama la construction d'une flotte fantôme, des navires aux allures de bateau de pêche pouvant être rapidement armés de tourelles à canon en cas de conflit. C'est sur ce modèle que fut construit le *Nordstrand* en 1947. Le deux-mâts passa ensuite de la pêche à la presse (people), s'encanaillant dans les années 60 sur la Croisette sous le nom de *Fatima*. Immortalisé à la une du *Time Magazine* ou encore du sulfureux *Lui*, il a vu défiler à son bord tout le gratin du festival de Cannes, entre Charlie Chaplin, Audrey Hepburn, Cary Grant ou encore Walt Disney. Puis le navire largua plus sagement les amarres dans le Vieux-Port de Marseille. Philippe Derain et sa famille lui offrirent une nouvelle jeunesse en se lançant dans un impressionnant travail de restauration qui a duré 13 ans. Ils lui donnèrent aussi un nouveau nom, en hommage au dieu Éole.

Aujourd'hui, ce navire est classé bateau d'intérêt patrimonial et bénéficie d'un partenariat avec le parc des Calanques. Benoit et Fanny Bouchet s'ancrent dans la continuité de la famille Derain en proposant des croisières d'une journée au large des Calanques ou du Frioul, des brunchs, des soirées couchers de soleil ou encore des événements à quai. En 2023, le couple a restauré un autre voilier d'exception, le *Eleanor Mary*. Le navire est plus petit que son grand frère, mais est idéal pour des moments privés haut de gamme.

Adresse Quai d'Honneur du Vieux-Port, face à la mairie, 13002 Marseille, tél. 07 66 10 41 41, ledonduvent.com et eleanormary.com | **Transports en commun** Métro M1, arrêt Vieux-Port ; Bus 60/82/82s/83/582, arrêt Quai-du-Port | **Horaires d'ouverture** D'avril à fin octobre, selon événements et croisières | **À savoir** Vous pouvez aussi rencontrer Fanny, alias Nushka, à quai, au 20 boulevard Louis-Salvator, dans son atelier de peinture figurative. Vous y trouverez notamment de très belles représentations de Marseille et de ses monuments, toujours hantées par une silhouette féminine (nushka.fr).

45 L'église Saint-Louis

L'ovni de métal et de béton de la classe laborieuse

Le quartier Saint-Louis doit son appellation à l'installation, en 1866, de l'usine Saint-Louis Sucre. Non loin de là se trouvaient également les fabriques de la réglisserie Car ou encore les huileries de la société Rocca, Tassy & de Roux et leurs 1 800 employés produisant la célèbre Végétaline. Ce quartier essentiellement tourné vers l'industrie hérita en 1935 d'une insolite et méconnue église aux allures de mosquée Sainte-Sophie, pensée pour sa classe laborieuse. Elle fut la première église de France gérée par des prêtres ouvriers – cinq hommes d'Église exerçant par ailleurs une activité salariée.

L'imposante architecture de cette église labellisée Patrimoine du XXe siècle, la seule de style moderne à Marseille, détonne dans le paysage urbain du quartier constitué de petits immeubles modestes. Le projet atypique d'un édifice avec une ossature métallique enrobée de béton est né de l'imagination de l'abbé Pourtal et des plans de l'architecte marseillais Jean-Louis Sourdeau. La crucifixion sur la façade de l'église et l'archange Gabriel qui surplombe le clocher ont été sculptés dans du béton frais par le Toulousain Carlo Sarrabezolles, un architecte spécialiste de cette technique délicate. En effet, il n'avait que six heures pour réaliser ses œuvres avant que le béton ne durcisse !

Mais c'est à l'intérieur de l'édifice qu'on ressent toute sa vocation à s'adresser à la main-d'œuvre de culture chrétienne du quartier, immigrée d'Espagne, d'Italie, d'Arménie ou encore du Portugal. Les prêtres ouvriers sont auteurs de deux surprenants agrandissements d'illustrations de calendriers de la jeunesse ouvrière chrétienne, réalisée par des affichistes de cinéma de la ville. Elles rappellent le style de la propagande marxiste, très influente à l'époque dans les usines voisines. En dessous, les chemins de croix du peintre Jack Martin-Ferrière offrent un contraste saisissant, éclairés par une douce lumière filtrée et colorée par les vitraux en béton translucide du maître verrier Dindaleux. Autre curiosité, la cave de l'église cacherait un théâtre et un ring de boxe !

Adresse 20 chemin de Saint-Louis-au-Rove, 13015 Marseille, tél. 04 91 03 01 58 | **Transports en commun** Bus 25, arrêt Saint-Louis-Rove ; Bus 526/B2, arrêt Saint-Louis | **Horaires d'ouverture** L'édifice n'est officiellement ouvert qu'à l'occasion des offices, mais il n'est pas rare de pouvoir le visiter totalement seul en dehors des cérémonies | **À savoir** En sortant de l'église, on aperçoit vers le cimetière le pont-aqueduc de Saint Louis, un ouvrage d'art construit en 1848. Composé de 9 arches de 6 mètres d'ouverture, il renvoie lui aussi à l'histoire industrielle du quartier, car il alimentait de nombreuses fabriques.

46_Épopée Village

La fabrique des rêves

À la genèse d'un beau projet, on découvre souvent un grand rêve. Pour les membres de Synergie Family, spécialiste en développement d'actions socio-éducatives, celui-ci prenait la forme d'un centre social 2.0, un tiers-lieu inédit dédié à l'inclusion, à l'innovation et à l'animation. En quête d'un écrin, le destin leur fait croiser le chemin de l'ancienne usine et siège historique de Ricard, entreprise fraîchement partie pour les Docks, créant émoi et inquiétude auprès des résidents de Sainte-Marthe. Cet empire de 9 000 mètres carrés paraît alors trop beau, trop grand, trop cher. Mais cette opportunité inattendue a boosté les ambitions, décuplé les synergies et les partenariats jusqu'à la création non plus d'un centre, mais bel et bien d'un village ouvert à tous, un écosystème unique en France et une bouffée d'espoir pour le vivre-ensemble dans ce quartier coupé en deux par une voie ferrée.

C'est après une concertation avec des habitants enthousiastes et la réception de 250 projets de candidature que l'Épopée a sélectionné ses villageois… jusqu'à 600 membres aux valeurs similaires à terme ! Le lieu souhaite révéler les talents de ses visiteurs à travers des expériences éducatives, créer des solutions innovantes aux problématiques sociales et imaginer des événements propices au partage.

Le village accueille ainsi depuis l'été 2021 un espace de coworking dédié aux organisations pionnières de l'innovation éducative et sociale, un centre de formation des apprentis, un espace d'incubation, des laboratoires de recherche, une manufacture solidaire, un studio d'enregistrement, des espaces sportifs et expérientiels ludiques et une école d'e-sport. On peut aussi se régaler au restaurant niché dans l'ancienne cantine d'entreprise, prendre un verre au bar rooftop, assister à des événements dans une salle de spectacle immersive de 500 places, faire du shopping auprès d'artisans et créateurs locaux et profiter de jeux extérieurs accessibles aux jeunes et aux familles. Paul Ricard, né dans ce quartier en 1909, disait : « Fais-toi un ami par jour. ». Ses successeurs de l'Épopée Village disent : « Nourris tes rêves chaque jour. »

Adresse 4 rue Berthelot, 13014 Marseille, epopee-village.com | **Transports en commun** En train depuis la gare Saint-Charles jusqu'à la gare de Sainte-Marthe ; Bus 28/31/530, arrêt Sainte-Marthe | **Horaires d'ouverture** Lieu en accès libre, ouverture également en soirée et le week-end selon événements et animations | **À savoir** Au 72 chemin des Bessons se cache le domaine de la Tour sainte, fondé en 1854 et marqué par un étonnant monument commémorant le dogme de l'Immaculée Conception (bastidedetoursainte.fr).

47 L’ermitage des Aygalades

L’abri en perdition de Marie-Madeleine

Des milliers de Marseillais passent chaque jour en voiture au pied de cette rareté de l’architecture monastique troglodytique sans lui accorder le moindre regard. Il est vrai que rien n’indique sa présence – même plus le panneau de signalisation, mystérieusement disparu – et qu’il faut lever les yeux pour la dénicher. Pourtant cette grotte surplombant l’autoroute A7 constitue l’une des premières implantations de l’ordre des Carmes en France au XIIe siècle. Un patrimoine unique, classé, mais totalement délaissé… ou presque.

En 2018 une structure fut installée en urgence afin de stabiliser la façade de l’église inachevée datant de 1248 qui menaçait de s’effondrer. Cet écrin fragile aurait, selon la légende, abrité Marie-Madeleine lors de son parcours vers la Sainte-Baume. Quatorze ans après l’Ascension de Jésus, la célèbre disciple du Christ, qui l’avait suivi jusqu’à ses derniers jours, fut chassée de Jérusalem. Débarquée aux Saintes-Marie-de-la-Mer, elle aurait ensuite séjourné ici, aux Aygalades, au cours de son périple qui la conduisait au massif de la Sainte-Baume. En 1689, la grotte fait partie du domaine acquis par la famille Guillermy dont la bastide actuellement en rénovation se trouve toujours en contrebas mais que l’autoroute a séparé à jamais pendant la Seconde Guerre mondiale.

On peut accéder à l’ermitage en rejoignant une grille située à l’extrême nord du cimetière des Aygalades, au carré G. Un petit sentier, très peu engageant, parallèle à l’autoroute et à flanc de falaise, vous fait alors traverser au milieu de détritus, d’une végétation dense et de cabanes de fortune abandonnées. Un parcours insolite pour les explorateurs les plus téméraires mais qui vaut l’escapade. Au bout de quelques minutes, la grotte se dévoile. Il ne reste plus que quelques pans de murs de l’église, ainsi qu’un autel recouvert de coquillages qui abritait une statue et quelques bougies fanées. De là-haut, on est un peu attristé par ce défilé bruyant et ininterrompu de voitures passant indifféremment devant cet écrin oublié et mal en point jadis dédié à la méditation.

Adresse Entrée par le cimetière des Aygalades, tout au bout de la rue Augustin-Roux, 13015 Marseille | **Transports en commun** Bus 30, arrêt Cité-des-Arts-de-la-Rue | **Horaires d'ouverture** Cimetière des Aygalades : tous les jours de 7 h 30 à 18 h | **À savoir** Au bord du ruisseau des Aygalades se trouve la Savonnerie du Midi, labélisée Entreprise du patrimoine vivant. Fondée en 1894, elle propose un espace muséal de 285 mètres carrés imaginé autour de la salle des chaudrons et regroupant 250 objets liés à l'histoire du savon de Marseille.

48 Le Fabuleux Musée

Immersion interactive au cœur de l'hôtel Astoria

Ah, la Belle Époque marseillaise ! Les passionnés d'histoire et d'un certain art de vivre rêveraient de naviguer sur un ferry-boat à remonter le temps afin de déguster une bière Phénix au Café Riche avec Richard Wagner ou Maupassant, déambuler dans les grands magasins de la rue Saint-Ferréol avec le duc d'Édimbourg, séjourner sur la Canebière à l'hôtel des Empereurs en y écoutant des poèmes de Lamartine… Même si le centre-ville tente depuis des années de retrouver de sa superbe, il sera difficile d'égaler un jour cet âge d'or marseillais qui a perduré de la moitié du XIXe siècle jusqu'à la Première Guerre mondiale.

Un lieu, symbole de cette époque, a ouvert en mars 2021 ses portes afin de proposer aux écoliers une immersion interactive dans ce Marseille du passé tout en y mêlant subtilement des technologies et des sujets d'aujourd'hui. C'est en 1899 que l'architecte Gaudensie Allard imagina l'élégant hôtel Astoria et ses lignes arrondies influencées par l'émergence de l'Art nouveau. En 1917, l'établissement devint l'annexe du Grand Hôtel voisin, l'actuel commissariat de la Canebière, avant de reprendre son indépendance sous le nom de New Hotel Astoria. En 1995, l'endroit fut transformé en résidence universitaire. Depuis 2017, l'ancien jardin d'hiver de l'Astoria surmonté d'une très belle verrière accueille la Fabulerie, une fabrique d'expériences culturelles ainsi qu'un lieu d'exploration numérique.

Synthèse de ce savoir-faire, le Fabuleux Musée a débuté son aventure avec succès grâce à un ingénieux *escape game* historique et pédagogique dans le Marseille du XIXe siècle. À présent, on peut s'immerger dans « Vivant.e.s ! », une exposition autour de la sensibilisation à la biodiversité locale et de la valorisation des trésors du Muséum d'histoire naturelle. La scénographie originale et interactive propose aux aventuriers et aventurières en herbe d'entamer littéralement un voyage à la découverte des trésors fragiles du vivant. Une expérience également itinérante qui passe dans les écoles et les médiathèques pour rencontrer directement les enfants, notamment les plus éloignés de ces propositions culturelles.

Adresse 10 boulevard Garibaldi, 13001 Marseille, www.lefabuleuxmusee.com | **Transports en commun** Métro M2, Tram T1/T2, arrêt Noailles | **Horaires d'ouverture** Le mercredi de 10 h à 17 h sur réservation | **À savoir** Le lieu propose également des formations autour du numérique, des événements, une cantine, un salon de thé et un espace de coworking.

49_La ferme du Roy d'Espagne

Le bonheur (urbain) est dans le pré

La ferme du Roy d'Espagne est un site rare de plus de 2 hectares, dont peu de grandes agglomérations urbanisées ont la chance de bénéficier. Il s'agissait autrefois du domaine du château Beau Site, le bien nommé, aujourd'hui disparu. Désormais s'y dresse une ferme pédagogique, la troisième créée par la ville pour sensibiliser et responsabiliser petits et grands vis-à-vis de leur environnement. Tous peuvent venir observer les animaux et les végétaux ou participer plus activement grâce à des ateliers et des animations.

On côtoie ainsi à proximité de barres d'immeubles une centaine de poules pondeuses, des chevaux, des chèvres, des lapins, mais aussi des ânes et des oies. Cette basse-cour rappelle parfois aux citadins que le mariage entre la ville et la campagne ne se fait pas sans le bruit et l'odeur ! Mais il est difficile de ne pas adhérer à ce poumon vert solidement ancré sur son territoire notamment grâce à sa démarche pédagogique et à la vente directe de sa production en conversion bio, deux fois par semaine. Au-delà de plus de 70 variétés différentes de légumes ou d'herbes aromatiques, au gré des saisons, on retrouve aussi dans la boutique des produits régionaux tels la bière bio marseillaise Zoumaï dont les drêches de brasserie sont utilisées pour l'alimentation des animaux. Ce lieu sert également de banque d'échange de la Roue, une monnaie citoyenne circulant en Provence et dans les Alpes du Sud.

Une nouvelle et jeune équipe de huit maraîchers, horticulteurs et animateurs a repris jusqu'en 2025 la délégation de cette ferme au pied des calanques avec des projets plein la tête. Cet écrin de verdure abrite une étonnante chapelle ex-voto de 1861 signée des Blancs, famille de rocailleurs de Mazargues à qui l'on doit également l'Agachon de la Soude. Cette curiosité patrimoniale, sauvée par des associations, fut bâtie à l'initiative de monsieur Le Mee, propriétaire du château Beau Site, afin de remercier les cieux… peut-être pour de bonnes récoltes ?

Adresse Rue Jules-Rimet, 13009 Marseille, tél. 06 03 49 20 47, www.fermeduroydespagne.org | **Transports en commun** Bus 44, arrêt Floralia-Rimet | **Horaires d'ouverture** Vente et visite mercredi de 16 h à 18 h et samedi de 9 h à 12 h 30 | **À savoir** À 5 minutes de là sont formés les cuisiniers de demain. À la brasserie gastronomique du lycée hôtelier Jean-Paul-Passedat, on peut déjeuner et dîner à petit prix. Le lycée a été rebaptisé ainsi en 2023, après le décès du chef marseillais à l'origine de sa création (réservation au 04 91 73 47 81).

50 Le fortin de Morgiou

France 0 – Angleterre 2

Le fortin offre un décor grandiose qui aurait tout à fait eu sa place dans *Games of Thrones* ! C'est au col du Renard, au cœur d'une zone archéologique du parc des Calanques, que l'on peut découvrir les très intéressants vestiges du fortin de Morgiou datant de 1811, et de son mur d'enceinte greffé dans la roche. Dans la brèche permettant le passage était niché, au XIXe siècle, le pont-levis censé protéger les lieux. Mais cette position militaire a subi deux cuisantes défaites.

En 1813, le 30 mars, 200 Anglais débarquèrent à Sormiou. Passant à l'aube par les crêtes derrière le Cancéou, ils vinrent prendre à revers les 40 hommes d'infanterie du fortin. Contrairement aux directives de Napoléon, le mur d'enceinte du Renard n'avait pas encore été édifié. L'officier de commandement, le gardien de la batterie, un canonnier garde-côte ainsi que seize soldats d'infanterie furent faits prisonniers, quatre soldats furent tués et cinq blessés décèdent à l'Hôtel-Dieu. Les deux batteries furent détruites, les baraques de logements des soldats et les poudrières incendiées, le mortier et le fourneau à réverbère dégradés. Cet outil destiné à chauffer les boulets de canon au rouge afin d'incendier les bateaux est encore visible aujourd'hui. Les Anglais jetèrent les canons à la mer et s'emparèrent de 11 des 14 bateaux au mouillage ainsi que de leurs cargaisons d'huile.

Un mois plus tard sonna l'heure du deuxième round ! Le 2 mai, alors que les soldats français s'apprêtaient à réarmer les batteries, les Anglais attaquèrent à nouveau. Après une canonnade, usant de leurs pièces d'artillerie courtes, ils débarquèrent sur le cap par Saint-Pierre et la Gorguette, les deux points les moins élevés. Deux des canons de ces batailles ont été repêchés par Albert Falco, le capitaine de la *Calypso* du commandant Cousteau. Il reste encore 4 canons jetés par les Anglais dans les eaux du cap Morgiou. Un énorme boulet du mortier est exposé sur le quai sud du port de Morgiou tandis qu'un autre est quant à lui encore enfoncé dans la roche, comme une trace éternelle de ces deux écrasantes victoires de la « perfide Albion » !

Adresse Calanque de la Triperie, 13009 Marseille | **Transports en commun** Bus 22, arrêt Les Baumettes puis comptez 1 h 30 de randonnée à pied | **À savoir** À 37 mètres sous le niveau de l'eau se trouve l'entrée condamnée de la grotte Cosquer, découverte par hasard par le plongeur Henri Cosquer en 1985. Ce sanctuaire orné de 200 figurations pariétales fut habité entre - 27 000 et - 19 000. Depuis 2022, on peut découvrir son exceptionnelle réplique à côté du Mucem (grotte-cosquer.com).

51_La fresque historique de l'OM

114 années sur 90 mètres de long

Cité parmi les dix plus beaux sentiers de grande randonnée au monde par le prestigieux *National Geographic*, le GR2013 est un chemin de 365 kilomètres qui parcourt la métropole de Marseille. Explorant un milieu périurbain souvent très insolite, il a été imaginé par des artistes-marcheurs à l'occasion de Marseille-Provence 2013 Capitale européenne de la culture. Une curiosité inattendue s'est glissée le long de son tracé dans la très champêtre traverse des Caillols. Au détour d'un étroit virage apparaît une impressionnante fresque chronologique de 504 mètres carrés et 90 mètres de long. Cette œuvre monumentale est la contribution de l'Olympique de Marseille au GR2013 et à l'histoire de sa ville. Les trois grapheurs Noyps, Veter et Daze ont ainsi posé leurs bombes sur un des murs extérieurs de la Commanderie, le centre d'entraînement des Olympiens. L'histoire commence à gauche de la fresque, en 1899, avec la création du club sous l'impulsion de René Dufaure de Montmirail, un passionné qui contribua au développement de nombreux sports dans la région. C'est à son épouse Madeleine Dubois que l'on doit la mythique devise du club, « Droit au but »… une incantation qui a fait son œuvre lors de la prolifique saison 2022-2023 ! La frise suit le cours du temps jusqu'en 2013 et l'inauguration du nouveau stade Vélodrome, en passant par les grandes heures du club, ses figures emblématiques et les monuments érigés à ses différentes époques, tel le funiculaire de la Bonne Mère (1892), le pont transbordeur (1905), ou encore la tour FR3 (1954).

Des visages apparaissent, dont cinq ont été choisis par les supporters du club grâce à un sondage réalisé sur le site internet de l'OM. On y trouve également Émile Zermani et Joseph Alcazar, l'auteur du premier but de l'OM en championnat professionnel. La Coupe des Clubs champions trône aussi, marquant triomphalement la date historique du 26 mai 1993 : « le plus beau jour de ma vie » pour beaucoup de Marseillais !

Adresse 50 traverse des Caillols, 13012 Marseille | **Transports en commun** Bus 7/7T, arrêt Trois-Lucs-Germaine, puis 10 minutes à pied | **À savoir** Poursuivez le GR2013 en empruntant la promenade du canal Saint Julien, au niveau du no 67 de la traverse des Caillols. Cette très agréable balade panoramique vous permet de crapahuter sur le canal de Marseille, couvert sur un kilomètre, à travers une belle pinède.

52 La friche de l'Escalette

Du plomb transformé en art pur

Des cheminées rampantes, des bassins de lavage et de décantation transpercés par la garrigue… ces vestiges sont la mémoire de l'usine de traitement du plomb de l'Escalette, fondée en 1851 au cœur de l'actuel parc national des Calanques. Samena, Montredon, les Goudes : de nombreux sites industriels hautement toxiques, rejetant notamment de la soude, de l'arsenic et du soufre, furent installés le long du littoral sud. Ils étaient ainsi suffisamment isolés pour éviter de polluer la ville tout en restant accessibles. Le petit port de l'Escalette, toujours en activité, a été aménagé à proximité afin d'y acheminer le minerai par bateau.

Au fil du temps, la fièvre marseillaise du plomb s'est estompée, entraînant la fermeture de la raffinerie en 1925 – tout en contaminant le massif pour des siècles. Ce site stratégique face à la mer a accueilli lors de la Seconde Guerre mondiale une batterie de canons de l'armée italienne puis allemande. En contrebas se trouvent encore deux grands blockhaus de cette époque. On a tenté en vain de transformer l'un d'eux en boîte de nuit ; il est finalement devenu en 2020 un lieu privatisable pour soirées et shooting photos ! Le propriétaire de l'Escalette aurait, quant à lui, fait affaire avec les Allemands ; il écopa donc après la guerre d'une amende colossale qui fut payée grâce à la vente de son domaine. Un stockage de voitures et de bateaux y a ensuite pris ses aises alors qu'un groupe immobilier souhaitait y installer un hôtel de luxe.

Amoureux de Marseille, c'est finalement le galeriste Éric Touchaleaume qui a fait sien ce terrain exceptionnel en 2011 afin d'y créer un projet inédit, la friche de l'Escalette, un parc de sculptures et d'architectures légères ! Après des années de réhabilitation, la toute première exposition s'est ouverte durant l'été 2016. Des créations originales sont ainsi disséminées chaque année de juillet à septembre sur ce site insolite – de l'habitat tropical de Jean Prouvé aux sculptures de Parvine Curie, en passant par les installations de cannes en grès de Myriam Mihindou.

Adresse Route des Goudes, impasse de l'Escalette 13008 Marseille, www.friche-escalette.com | **Transports en commun** Bus 20, arrêt Escalette | **Horaires d'ouverture** Ouvert tous les jours du 1er juillet au 31 août (4 visites par jour). Ouvert les week-ends de septembre. Sur réservation | **À savoir** À la belle saison, de nombreuses criques sont accessibles depuis l'Escalette pour une petite baignade : la calanque du Mauvais Pas, la Calanque blanche… Évitez cependant l'attrayante calanque de Samena, belle mais polluée par la Manufacture des Glaces et Produits Chimiques de Saint-Gobain.

53_La galerie Pentcheff

Lumière méridionale et rivages méditerranéens

« Dîtes, vous savez ce qu'ils vont en faire, du pavillon Jeanne ? », me demandait un habitué du quartier en promenade, très curieux, comme beaucoup, de connaître le futur de cette propriété iconique, mais à l'histoire particulièrement méconnue. Il a fallu 20 ans pour ériger cette bâtisse sur le flanc rocheux, entre 1888 et 1908 ! Elle abritait alors le Pavillon Saint-Louis, un restaurant très réputé pour son poisson et ses langoustes. De 1914 à 1923, le site accueillit la demeure d'Ernestine Garnier, directrice d'une filature de soie et présidente d'honneur du club nautique de Malmousque. De fait, la maison prit temporairement le nom de « pavillon de la Fileuse ». Le bâtiment fut réquisitionné par l'armée allemande de 1940 à 1944 et a subi de lourds dommages lors de bombardements. Jean Piery, célèbre orfèvre marseillais, le racheta alors pour le retransformer en restaurant, Le Pavillon de la Reine Jeanne – en hommage à sa gérante, Jeanine Cordier.

En 2020, Alexis et Guilia Pentcheff, propriétaires de la galerie éponyme située dans la rue Paradis, ont entamé de très longs travaux pour redonner son lustre originel à cette magistrale vigie du petit port de Malmousque. Leur rêve est finalement devenu réalité en 2023 : la famille a pris ses quartiers dans les étages de ce superbe lieu posé sur la Méditerranée et a installé au rez-de-chaussée leur galerie maritime.

Les Pentcheff y exposent des œuvres du XIXe et du XXe siècle à destination du grand public et des collectionneurs, qui peuvent venir directement avec leur bateau ! En général, Alexis et Guilia présentent des tableaux qui mettent en avant la lumière méridionale et les rivages méditerranéens, en parfaite résonnance avec ce nouvel écrin panoramique baigné de soleil et qui fait face aux îles des pendus. Selon les expositions, vous y découvrirez des œuvres d'Auguste Chabaud, de Joseph Inguimberty, d'Alfred Lombard, de René Gruau, de Le Corbusier, de Maurice Utrillo ou encore de Paul Jouve.

Adresse 10 chemin du Génie, 13007 Marseille, galeriepentcheff.fr | **Transports en commun** Bus 83/583, arrêt Endoume ; Bus 80, arrêt Église-d'Endoume | **Horaires d'ouverture** À consulter sur le site internet | **À savoir** Sur les murs de la presqu'île de Malmousque, une autre galerie à ciel ouvert est à contempler. Ses deux belles fresques aux couleurs locales sont signées OCM Vibration.

54_La Grande Loge du château Saint-Antoine

Pagnol, GIGN et francs-maçons

« Ici, dit Bouzigue, c'est le château d'un noble. Il doit être malade, parce qu'on ne le voit jamais ». La bastide du comte Guy de Robien évoquée dans les souvenirs d'enfance de Marcel Pagnol a bien failli ne plus exister qu'entre les pages de son ouvrage *Le Château de ma mère* ! La bâtisse construite en 1792 et son domaine sont le fruit de multiples évolutions au gré des changements de propriétaire, de Joseph Isoard à Louis d'Alayer de Costemore en passant par Joseph Blanc. 1907 est un premier tournant dans son histoire avec l'arrivée du fameux comte. L'édifice lui doit ses tourelles et son nom, Saint-Antoine. Guy de Robien possédait en effet une statuette en bois de ce saint patron qui protège aussi bien les femmes enceintes que les animaux ou les marins.

Transformée en logements pour les ouvriers de l'usine d'alumine de la Barasse, la demeure est rachetée en 1988 par la ville, qui la laisse à l'abandon, si bien que les ruines ont fini par servir de lieu d'entraînement au GIGN. D'inespérés travaux de rénovation ont cependant débuté en 2016. Désormais, le blason de Robien est redevenu flamboyant Derrière cette magnifique réhabilitation, on trouve un nouveau propriétaire plutôt inattendu : la Grande Loge de France. Forte de trois siècles d'existence, cette obédience maçonnique est la plus ancienne de France et se trouvait trop à l'étroit au sein de son siège du boulevard Rabatau, dans l'ancienne usine des moteurs Baudoin.

Son nouvel écrin, qualifié de « plus belle réalisation de la Grande Loge de France pour ce siècle », accueille aujourd'hui 100 loges pour 4 000 Frères et Sœurs. Le château dispose de huit temples chargés de symboles très mystérieux pour les néophytes, dont un sous la voûte étoilée et un au cœur d'une élégante pyramide tronquée signée par l'architecte Jean Pierre Clément. Le château abrite un musée maçonnique avec des vitrines renfermant de nombreux trésors historiques tels des gravures, des tampons, des assiettes, des tabliers en soie…

Adresse 10 boulevard Jules-Sebastianelli, 13011 Marseille, saintjeandecosse.fr/le-chateau-saint-antoine | **Transports en commun** Bus 15S/50/540, arrêt Léon-Bancal – Saint-Menet puis 10 minutes à pied | **Horaires d'ouverture** Ouvert au grand public lors de conférences, des Journées du patrimoine, du festival Les heures bleues et de visites guidées de l'association Marseille Autrement (marseille-autrement.fr) | **À savoir** Pour continuer sur les traces de Marcel Pagnol, rendez-vous non loin de là au château de la Buzine, dont il fut le propriétaire. Le site abrite aujourd'hui une salle de cinéma de 345 places, une expo permanente autour du cinéma en Méditerranée et des événements temporaires (www.labuzine.com).

55 Les grottes Loubière

Homo sapiens, loups et requins

Niché dans le ravin de la Baume, un empilement d'énormes rochers grisâtres suscite la curiosité. Cette muraille de protection installée par la mairie de Marseille à la fin des années 80 condamne l'entrée d'un univers souterrain dont la formation remonte à la dernière période glaciaire, qui a débuté il y a environ 127 000 ans et s'est achevée il y a 11 000 ans. Les grottes Loubière ont été découvertes en 1829 par un spéléologue amateur. Il aurait eu la surprise d'y trouver de nombreux squelettes de loups, donnant ainsi son nom à ces cavités. Un site au destin surprenant, à la fois écrin de trésors préhistoriques, dernière demeure d'un squelette d'*Homo sapiens*, scène de crime, lieu de rites sataniques et de tournages de films – comme *Peau d'ours* en 1954 –, attraction touristique, salle de concert pour le ballet de Marseille… et puis la lumière s'est éteinte brutalement !

Ce n'est qu'en 1886, 57 ans après sa mise au jour, qu'eut lieu la première prospection scientifique. On y découvre alors des couteaux, des éclats de silex ainsi que de nombreux tessons de poterie. En 1898, c'est le meurtre d'une fillette par un vieux berger qui entraîna une première fermeture du site. En 1930, une société émit le souhait de l'ouvrir au public et fit entreprendre des travaux, occasionnant la destruction et le vol de nombreux vestiges, un désastre pour la recherche archéologique. Des visites guidées furent alors proposées afin d'admirer la cascade pétrifiée et ses chandelles hautes de 7 mètres, des draperies de pierre, des orgues, des formes d'éléphants ou encore de chêne.

En 1988, la mairie place ce site sur une liste de lieux pouvant accueillir un futur parc animalier afin de compenser la fermeture du parc zoologique de Longchamp. Le projet est finalement abandonné, et un imbroglio administratif entre les gestionnaires de la grotte, Roger et Yveline Werner, et la municipalité entraîne sa fermeture en 1989. Mais alors que la réplique de la grotte Cosquer a ouvert ses portes en 2022, ce site majeur de la chaîne de l'Étoile pourrait bien ne jamais revoir la lumière malgré une promesse électorale de 2020.

Adresse Chemin des Grottes-Loubières, 13013 Marseille | **Transports en commun** Nombreux accès possibles. En partant par le sentier de la Batarelle bus 37/37s, arrêt La Batarelle-Étoile | **Horaires d'ouverture** L'accès au domaine sur le massif de l'Étoile est libre, l'entrée de la grotte est officiellement condamnée | **À savoir** Départ possible au 34 chemin des Grottes-Loubières, au pied d'un temple de la musique marseillaise. Dans un lieu improbable et isolé, autrefois une bergerie, se cache en effet le studio d'IAM, dans lequel ont vu le jour les plus grands albums du groupe tels *Saison 5*, *Revoir un printemps* ou *Soldats de fortune*.

56 Le hameau fantôme des Mayans

Sans toit ni loi

C'est un lieu très discret, un chemin à la croisée de Marseille et de Septèmes-les-Vallons, essentiellement foulé par des semi-remorques rejoignant une décharge publique. Au détour d'un virage, passé les guetteurs de la cité de la Solidarité, se cache dans une belle et dense pinède hélas parsemée de détritus un impressionnant et mystérieux hameau d'une quarantaine de bâtisses abandonnées ! Jamais habité, sans toits, on raconte que ce village fantôme construit dans les années 70-80 serait le résultat d'une escroquerie immobilière et d'un promoteur parti avec le magot dès les acomptes des acheteurs encaissés !

Depuis ? Tout est incroyablement figé, ou presque, grignoté par une nature se réappropriant peu à peu son territoire bétonné. Ce champ de murs s'est transformé en une intéressante galerie à ciel ouvert pour apprentis taggeurs sans avenir et graffeurs de renom au coup de bombe bien inspiré. Mais ce lieu déjà atypique propose un parallèle historique encore plus insolite : à quelques mètres de là, en surplomb, face à un magnifique panorama sur la baie de Marseille, au pied d'un gigantesque pylône électrique, se trouvent d'autres vestiges beaucoup plus anciens ! Après s'être frayé un chemin dans une garrigue piquante, on foule alors le domaine de l'oppidum des Mayans, datant de la fondation de Marseille.

Les Celtes qui vivaient ici semblent avoir eu plus de chance que leurs lointains descendants puisque le village a été achevé et même doté d'un mur d'enceinte doublé d'un rempart fortifié de dix tours carrées. Un système de protection unique dans le Midi ! Mais il ne reste aujourd'hui plus que quelques pierres visibles de ce site archéologique classé, datant du dernier tiers du VIe siècle avant J.-C. L'oppidum a fait l'objet de prospections pédestres en 1864 par le peintre de Gemenos, Benoni Blanc. Et ce n'est qu'entre 1990 et 1995 que le domaine fut fouillé pour la première fois de manière scientifique par Henri Tréziny, dévoilant quelques céramiques mais aucune trace du promoteur scélérat !

Adresse À droite et à gauche du chemin du Val Dol, limite Marseille 15e et Septèmes-les-Vallons | Transports en commun Bus 97, arrêt La-Solidarité puis 20 minutes à pied | Horaires d'ouverture Visite libre sans agent immobilier 24h/24. Prudence tout de même en vous promenant dans le hameau et ses vestiges parfois vétustes | À savoir Le vallon du Maire à Septèmes-les-Vallons était autrefois un site industriel, sur lequel la nature a depuis repris ses droits, offrant un mélange insolite entre vie sauvage et vestiges de l'exploitation humaine. Vous pouvez aussi y voir les restes d'une batterie antiaérienne de la Seconde Guerre mondiale.

57 L’hôtel Hubaud

Le rendez-vous de la Connaissance des Arts

« Marlboro cigarettes ! », » Melons de Cavaillon ! ». Dans la bouillonnante rue Longue-des-Capucins, animée par les camelots officiels et illégaux, se cache un bel hôtel particulier à la façade classée. Il fut érigé ici autour de 1680, un siècle après l’implantation du couvent des Capucins à la place de l’actuel marché. C’est le négociant Antoine Simon qui acheta ce terrain aux Lazariste et qui fit construire la première version de cet immeuble. Jean-Joseph Michel, doyen du collège des médecins, le transforma en 1739 en installant la façade Louis XV, dotée d’une porte d’entrée ornée d’un mascaron à tête de femme. Plus tard, le commerçant en huile Louis Hubaud posa ses initiales au centre du balcon en fer forgé – le bâtiment porte d’ailleurs toujours son nom. La maison resta dans sa famille de 1767 à 1937.

Par la suite, l’hôtel servit d’atelier au célèbre architecte de la reconstruction du Marseille d’après-guerre, Fernand Pouillon, qui fit table rase du passé en supprimant tous les éléments de décoration intérieure, en remodelant les étages et en ne conservant qu’une belle rampe d’escalier aujourd’hui classée. Après l’installation de l’entreprise marseillaise de jeans Mac Keen, marque qui conquit même les États-Unis dans les années 70, l’intérieur s’est lentement dégradé.

L’historien et journaliste Guy Boyer, directeur de la rédaction du magazine *Connaissance des Arts*, a redonné vie à l’hôtel Hubaud en y installant son immense bibliothèque. Le lieu est accessible aux membres de l’association Les Amis de l’hôtel Hubaud, fondée en 2022, qui peuvent venir consulter les milliers d’ouvrages sur l’art, travailler sur des projets, assister à des conférences, et même y louer un studio. L’association souhaite également créer des passerelles culturelles avec le quartier. Quant à la très riche collection, elle va être entièrement indexée dans un catalogue numérique afin de faciliter les recherches et connaître précisément le nombre de livres qu’elle contient – encore un mystère à ce jour !

Adresse 38 rue Longue-des-Capucins, 13001 Marseille, tél. 06 62 22 05 58 | Transports en commun Tramway T2, arrêt Canebière-Capucin ; Métro M2, arrêt Noailles | Horaires d'ouverture Sur rendez-vous. Réservée aux membres de l'association, adhésion pour 50 € à l'année | À savoir Au 41 rue Thubaneau se trouve une étonnante brocante de théâtre, unique en France. Elle propose des accessoires, des décors ou des costumes venus du théâtre de la Mezzanine.

58 Les îles des pendus

L'héritage macabre du roi d'Aragon

Cette exploration commence par une sorte d'injonction bienveillante : « Va à la Calanque » ! Maintes fois dérobé, le panneau bleu de cette ruelle, à l'accent bien local, sonne déjà comme une invitation au farniente. Elle permet de se faufiler vers le pittoresque petit port de Malmousque et sa crique aux eaux turquoise et poissonneuses. C'est certainement l'un des plus beaux spots pour un plongeon à proximité du centre de Marseille avec un fond à la fois sablonneux et parsemé de rochers et de petites cavités. La beauté et l'authenticité du site sont très prisées aux beaux jours et de nombreux Marseillais s'y agglutinent, partageant de minuscules bouts de pierres blanches anguleuses.

Mais au large, à seulement 150 mètres de nage ou de paddle pour les moins intrépides, un petit îlot de 50 mètres sur 30, surmonté d'un obélisque, permet de s'isoler et offre un panorama à 360° sur la baie et la côte. Cette île, déserte, garde cependant dans son appellation, le rocher des pendus, la mémoire de certaines des heures les plus sombres de la ville. Pendant le XIVe et le XVe siècle, Marseille a subi les répercussions des tentatives de possession du royaume de Naples par les comtes de Provence. La cité phocéenne fut notamment prise par Alphonse V le 21 novembre 1423. Pendant trois jours, le roi d'Aragon, que l'on surnommait le Magnanime ou le Grand, attaqua Marseille, la mettant à sac et l'incendiant. Respectant une tradition macabre, il fit pendre ici douze des plus notables Marseillais. La chaîne protégeant l'entrée du Vieux-Port fut pillée tel un trophée. Malgré les multiples demandes de la mairie de Marseille pour récupérer ce patrimoine, elle trône encore dans la cathédrale de Valence en Espagne.

Quant au fameux rocher, il n'a plus de tragique que son nom : il est aujourd'hui un havre de paix, parfait pour une bronzette au pied de son obélisque surnommé « le suppositoire de Marius » ! Ce point géodésique permettait aux équipages des navires fraîchement sortis des chantiers navals de réaliser des mesures de vitesse et le réglage des tirs des canons.

Adresse Rue Va-à-la-Calanque, Port de Malmousque, 13007 Marseille | **Transports en commun** Bus 83/583, arrêt Endoume ; Bus 80, arrêt Église-d'Endoume | **Horaires d'ouverture** Site naturel ouvert en permanence mais évitez de vous rendre sur l'île par forte houle, la montée est alors difficile et dangereuse à cause de rochers coupants | **À savoir** À proximité, vous trouverez de charmantes et très authentiques plages publiques comme la Batterie des Lions, l'Anse de Maldormé, l'Anse de la Capricieuse ou encore les criques de la Pointe Cadière à 5 minutes à pied du centre des permissionnaires de la Légion étrangère.

59 It takes two to tango

À deux c'est mieux !

Il faut bien l'avouer, les Marseillais ont la réputation tenace d'être assez égoïstes, très attachés à leurs libertés individuelles quitte à parfois empiéter sur celles du voisin. Mais dans le paradoxe propre à cette ville, on dit aussi les Marseillais d'une grande solidarité, engagés, généreux… C'est d'ailleurs le #Marseillesolidaire qui a été retenu par la nouvelle équipe municipale en 2020 pour marquer le début de son mandat. Et à l'entrée du quartier d'affaires d'Arenc, une étonnante sculpture rappelle qu'ensemble, tout est possible ! Devant le siège de l'un des plus gros armateurs du monde, une tour haute de 145 mètres signée par l'architecte irako-britannique Zaha Hadid, deux sumos portent un conteneur à bout de bras. La fondation CMA-CGM a offert à l'espace public de sa ville, fin 2011, cette œuvre monumentale de l'artiste écossais David Mach : *It takes two to tango*, le tango c'est à deux. La sculpture illustre très concrètement l'activité majeure du groupe de Jacques Saadé, disparu en 2018, celle de transporter des conteneurs partout dans le monde. Mais son message est aussi universel. Son nom reprend le titre d'une chanson d'Al Hoffman et Dick Manning écrite en 1952, depuis devenue une expression à part entière. Elle signifie qu'il faut être deux aussi bien pour se battre que pour s'entendre. Ronald Reagan utilisa d'ailleurs la formule à propos des relations américano-soviétiques en 1982. À plus petite échelle, elle caractérise bien les relations entre la mairie de Marseille et la métropole aujourd'hui !

La fondation a été créée en 2005 afin de soutenir et d'accompagner des projets humanitaires et culturels à Marseille, en Provence et au Liban, pays de naissance du fondateur du groupe. À quelques mètres des combattants nippons, d'autres œuvres ont ainsi été offertes au regard du grand public, tel le *Génie de la mer*, une sculpture haute de plus de 7 mètres réalisée par Carlo Sarrabezolles. Elle fut commandée en 1934 par la Compagnie générale transatlantique pour décorer la plage arrière du paquebot *Normandie*… mais son poids colossal empêchera finalement sa mise en place sur le navire !

Adresse 4 quai d'Arenc, 13002 Marseille, cma-cgm.fr | Transports en commun Tram T2, arrêt Arenc-Le-Silo | À savoir Au no 4 du quai d'Arenc, au cœur de la Maison départementale des personnes handicapées, ex-bâtiment de la CMA CGM, se trouve l'un des plus grands aquariums privés d'Europe ! Une petite folie de 130 000 litres accessible aux heures d'ouverture (mdph13.fr).

60 Le jardin de la Magalone

Grignoté mais toujours remarquable

La Cité Radieuse signée Le Corbusier s'est approprié une partie du vaste domaine de la Magalone ; la célèbre Maison du fada sur pilotis créée en 1952 lui fait aujourd'hui de l'ombre, occultant presque la présence de ce discret écrin de verdure classé jardin remarquable. Le long du boulevard Michelet, 1,4 hectare abrite une belle bastide jaune soleil du XVIIIe siècle, inscrite aux monuments historiques, entourée d'un jardin d'inspiration classique. Une ambiance romantique de dolce vita plane sur ce parc qui ne se découvre pleinement qu'après avoir traversé un petit bosquet dissimulant tous ses charmes.

C'est à la fin du XVIIe siècle que débuta l'édification de la bastide. Elle fut poursuivie en 1713, sur des plans attribués au très renommé Pierre Puget – le « Michel-Ange » français – par les frères Magalon, négociants armateurs. Ils donnèrent leur nom à la demeure, mais s'en séparèrent avant même qu'elle ne soit achevée. Par la suite, les propriétaires se succèdent sur cet immense domaine, qui en 1890 s'étendait sur une douzaine d'hectares. Madame de Ferry, héritière de la propriété en 1901, restaura la bastide et confia la réhabilitation du jardin au réputé paysagiste Édouard André. Il y réalisa une harmonieuse composition comprenant les éléments suivants : deux terrasses, des bassins, deux fontaines représentant l'une le Rhône et l'autre la Saône, des statues réalisées par Christophe Veyrier, des vases – dont 4 provenant du château de Grignan –, des broderies de buis, des parterres gazonnés et des alignements d'arbres, notamment des tulipiers de Virginie.

Racheté par la Ville de Marseille en 1980, le jardin de la Magalone est aujourd'hui ouvert au public et sa bastide abrite la cité de la Musique, organisatrice de concerts de musique ancienne, classique et contemporaine. Bien qu'amputé progressivement par le grignotage urbain, ce petit cocon qu'on aimerait mieux entretenu et mis en valeur mérite tout de même de s'y poser le temps d'une belle flânerie, au calme ou musicale.

Adresse 245 boulevard Michelet, 13009 Marseille | Transports en commun Bus 22/22s/521/B1, arrêt Le Corbusier | Horaires d'ouverture Janvier et février et novembre et décembre de 8 h à 17 h 30 ; mars et avril et septembre et octobre 8 h à 19 h ; de mai à août de 8 h à 20 h (accès gratuit) | À savoir Vous pourrez ensuite visiter cette fameuse Cité Radieuse, classée au Patrimoine mondial de l'Unesco, et découvrir son toit-terrasse dominant Marseille à 360 degrés, sa galerie d'art haut perchée et ses nombreuses autres surprises.

61 Les Jardins du Cloître

Avoir foi dans la bistronomie locale

Sur les hauteurs de la colline Saint Bruno, dominant Marseille, le culte du cloître s'est transformé en dévotion à l'innovation, l'écologie et l'économie sociale ! Jusqu'en 1932, ce superbe domaine de 6,5 hectares appartenait à une riche famille marseillaise, avant que les sœurs de la Visitation y établissent un monastère autour duquel elles élevèrent des animaux de basse-cour tout en cultivant des potagers. La congrégation y fonda ensuite un hôpital militaire avant de transformer une partie du cloître en dispensaire.

C'est en 1988 que la Fondation d'Auteuil prit la succession de ces terres en lançant des sections d'apprentissage qui ont perduré jusqu'en 2016. Trois ans plus tard, l'association se lance avec des partenaires dans la refonte complète du site et l'ambitieux projet du cloître Saint-Jérôme : un pôle d'innovation et d'entrepreneuriat social. Le collectif est constitué d'entreprises ayant à cœur d'intégrer et de former des jeunes du territoire dans des domaines aussi variés que le numérique, l'agriculture urbaine, les services et la gastronomie. Et c'est ce volet gourmand qui va vous permettre d'explorer ce patrimoine longtemps fermé au public, grâce au restaurant Les Jardins du Cloître.

L'établissement labellisé 3 points Écotable, Maître restaurateur et Assiette au *Guide Michelin* propose une cuisine 100 % maison mitonnée avec des produits bios et locaux dont des micro-pousses issues des grandes serres du cloître. Le chef Jeremy Fenneteaux propose chaque jour de belles créations servies par des Apprentis d'Auteuil lors de déjeuners éco-responsables à partir de 14 euros. Associé au projet depuis son origine, le chef étoilé marseillais Michel Portos supervise les cuisines et cette carte de saison comptant une quinzaine de recettes. Le déjeuner est à la hauteur de ce lieu insolite et de son cadre naturel très apaisant.

Côté ambiance, quatre possibilités : en intérieur, en terrasse dans la galerie du cloître, plein Sud face à la ferme urbaine et la Bonne Mère… ou simplement à emporter.

Adresse 20 boulevard Madeleine-Rémusat, 13013 Marseille, tél. 04 91 12 29 42, lesjardinsducloitredemars.fr | **Transports en commun** Bus 37/37bis, arrêt Val-des-Pins | **Horaires d'ouverture** Du lundi au vendredi de 12 h à 14 h. Ouvert le soir pour soirées privées et événements | **À savoir** Une ancienne partie du domaine du cloître abrite aujourd'hui un parc d'accrobranche (ecopark-adventures.com) offrant des vues spectaculaires sur Marseille depuis ses tyroliennes.

62 La Nautique

La table flottante de la SNM

Certains Bretons taquins vous diront que la cité phocéenne n'a jamais été le berceau de grands navigateurs. Ce serait vite oublier le marseillais Pythéas, l'un des plus anciens explorateurs scientifiques, parti découvrir les mers du nord de l'Europe vers 325 av. J.-C ! À la même période, son compatriote Euthymènes voguait vers les côtes africaines. Ces deux marins de l'extrême trônent à présent, statufiés, sur la façade du palais de la Bourse. De nos jours, les plaisanciers quittent plutôt les nombreux ports de la ville pour une baignade du côté des calanques ou un verre de rosé au soleil couchant au large du Frioul.

Mais il existe à Marseille de grandes communautés de marins ayant le nautisme dans le sang, telles l'UNM, fondée en 1882, la SNEM, en 1922, l'YCPR, en 1937, ou encore le CNTL, créée plus récemment en 1990. L'une des plus prestigieuses, la Société nautique de Marseille ou SNM, a vu le jour en 1887. Organisatrice de régates depuis sa création – dont, depuis 1965, la célèbre SNIM et ses 120 bateaux en compétition –, l'association a commencé à s'impliquer dès 1910 dans la défense de l'environnement en lançant une pétition pour la sauvegarde de la calanque de Port Miou, alors menacée par l'exploitation d'une carrière. Champion de France IRC à de nombreuses reprises, la SNM propose l'apprentissage de la voile via son école et entraîne des sportifs de haut niveau.

Ce que l'on sait moins, c'est que l'on peut déjeuner à bord de son emblématique pavillon flottant ancré au Vieux-Port. Construit en 1897, détruit lors d'un incendie, il a été reconstruit en 1957 par l'architecte André Devinc. Dans cet écrin classé, on découvre par ses grandes baies vitrées des perspectives inédites sur le Vieux-Port. On sillonne sa bibliothèque André Mauric, son salon-bar, avant de rejoindre sa superbe salle de restaurant au premier étage, tapissée de parquet en acajou, dans laquelle on peut admirer maquettes et instruments de navigation à travers des vitrines. Avant de prendre (ou pas) la mer, on se laisse alors tenter par des filets de rouget de Méditerranée, des noix de Saint-Jacques juste saisies ou encore des crevettes flambées.

Adresse Pavillon Flottant de la SNM, face au 20 quai de Rive-Neuve, 13007 Marseille, tél. 04 91 33 01 78, restaurantlanautique.fr | Transports en commun Métro M1, arrêt Vieux-Port ; Bus L82/82S/83/583, arrêt Place-aux-Huiles | Horaires d'ouverture Restaurant ouvert aux non-membres sur réservation 7 jours sur 7 de 12 h à 14 h et de 19 h 30 à 22 h. Essayez de demander la table du fond au bord de l'eau | À savoir Autre club, autre bonne table flottante insolite : vous pouvez aussi essayer le restaurant du CNTL pour voir le Vieux-Port sous un autre angle (cntl-marseille.com).

63 Le laboratoire des Métamorphoses

De rebuts à rébus poétiques

« J'ai mis les poubelles dans un musée. », nous dit Franck Garam. Tout part ici d'un déchet, d'un objet trouvé, au gré de déambulations dans une cité où les détritus sont une ressource inépuisable ! Le laboratoire de Franck Garam a constamment besoin de matières premières brutes : vieux jouets, cristaux, boutons de chemise… des milliers de petits éléments qui iront rejoindre une impressionnante collection de bocaux en verre sur les étagères de cet improbable cabinet de curiosités.

Certaines de ces trouvailles pourront rester des mois enfermées dans leurs cocons ou posées négligemment sur la « table à refaire le monde » de l'artiste, faite de collages de cartes d'une France réinventée ; puis un jour l'inspiration vient, les pinces déforment, le fer à souder assemble, et la métamorphose s'opère. Une œuvre poétique sans nom de baptême voit alors le jour, souvent composée de détails qui nous ramènent à notre enfance, telle une madeleine de Proust : Barbie, Playmobil, boite de biscuits qu'on ouvrait en cachette chez sa grand-mère.

Et ces œuvres, Franck Garam ne s'en sépare que très rarement. Il les accumule patiemment dans son petit atelier-appartement afin de créer un lieu hors du temps, une parenthèse dans un monde consumériste qui va trop vite. Un lieu discret, timide, à l'image de son propriétaire : talentueux mais peu porté sur la promotion de ses créations, à l'aise surtout dans son univers, toujours prêt à accueillir le visiteur qui se serait égaré par là, attiré par son insolite devanture et ses guirlandes de jouets. Il flotte également ici un parfum de nostalgie, celui de son ancien atelier-maison du boulevard de la Libération, dont il a dû se séparer après un bail non renouvelé. Ce sont des années de scénarisation et des milliers d'objets réinventés qu'il a fallu transporter à contrecœur dans ce petit local de la rue Adolphe-Thiers, peu propice à la flânerie. L'artiste, dont un des lustres est exposé au musée d'Art brut de Lausanne, s'évertue à recréer son monde dans ce lieu plus modeste mais au charme indescriptible, en perpétuelle mutation.

Adresse 67 rue Adolphe-Thiers, 13001 Marseille, tél. 04 91 42 86 94, facebook.com/frankgaramateliermaison | Transports en commun Métro M1, tram T2, bus 74, arrêt Réformés-Canebière | Horaires d'ouverture Tous les jours ou presque, au gré des envies, de 17 h à 19 h. Appelez avant de passer, emportez une bouteille et des amis : vous serez accueillis comme à la maison | À savoir Non loin de là, au 22 rue de Bruys, vous trouverez une autre personnalité discrète, de la passion et du talent dans une échoppe minuscule : l'atelier de production de Sissi. Non pas l'impératrice, mais la citronnade artisanale de Jean-Pierre Mangani, élaborée selon une vieille recette de famille : un vrai délice !

64 Lorenzo Styl

Ramener la coupe à la maison

Les rituels de passage de la jeunesse marseillaise peuvent prendre des formes très surprenantes, comme celle se mettre au défi en plongeant depuis les hauteurs de la corniche Kennedy, thème central d'un film de 2016 signé Dominique Cabrera. Mais il existe un autre cérémonial phocéen, plus légal et moins accidentogène (bien que…) : un rendez-vous chez Lorenzo Styl !

Ils sont là, minots et ados, attroupés par dizaine devant le numéro 1 de la rue Saint-Savournin. Non pas à contempler l'immeuble de 1938 (sans grand intérêt, il est vrai), œuvre du célèbre architecte Gaston Castel, mais à attendre leur tour ou à patienter dehors en tablier, sans aucune gêne, la tignasse recouverte de papier aluminium ! Lancé en 2005 par Salim Faleh, Lorenzo Styl est devenu LE salon de coiffure mythique des aficionados marseillais du ballon rond et du rap. Et le décor est bien planté : au sol, des cheveux par centaine, majoritairement bruns méditerranéens et gominés ; au mur, d'innombrables photos de célébrités de passage jouxtant des maillots de football dédicacés sous cadre ; le tout boosté par un grand écran jouant en alternance matchs et clips musclés « en bande organisée ». On vient ici en procession graver l'amour de son club dans son cuir chevelu, que ce soit par un « tribal » aux armoiries de l'OM ou en adoptant la coupe des joueurs les plus en vogue. La Maxime Lopez fut ainsi la coiffure star de 2018, juste avant le départ du joueur pour le Calcio. Et si la chance vous sourit, vous pouvez croiser les joueurs venus pour une mise en plis. Certains ont ainsi eu pour voisin de bac à shampoing Karim Ziani, Djibril Cissé ou encore Hatem Ben Arfa, qui ont marqué les lieux de leurs folies capillaires ! Le salon est aussi le rendez-vous du rap en quête d'une « coupe fraîche », le slogan de l'échoppe. Le gris cendré de Naps dans son clip *Recherché*, les mèches blondes de Jul, la boule à zéro de Soprano ou le bouc de La Fouine ont vu le jour ici. La page Facebook Marseillehairstyle, dédiée à ces coupes, se présente comme « une étude stylistique non exhaustive des trésors d'inventivité qui se déploient sur notre beau territoire provençal ».

Adresse 1 rue Saint-Savournin 13005 Marseille, réservations au 04 91 42 19 10 | Transports en commun Métro M1, Tram T2, Bus 81, arrêt Libération-Réformés | Horaires d'ouverture Tellement prisés que les deux salons mitoyens sont ouverts 7 jours sur 7 de 9 h à 20 h | À savoir Autre lieu culte dédié au poil, Le Barbier de Marseille, tenu par le multi-récompensé Mehdi Bouzghaia. Ses ciseaux ont fait le tour des réseaux sociaux grâce à ses coupes pour Olivier Giroud, Lucas Hernandez et Florian Thauvin (à tester 63 rue de la République, lebarbierdemarseille.com).

65 La maison natale d'Edmond Rostand

Marseille a-t-elle manqué de nez ?

Bergerac a fondé une grande partie de son succès et de son mythe sur le fameux *Cyrano* d'Edmond Rostand et Cambo-les-Bains doit sa renommée à la villa Arnaga, construite par l'écrivain marseillais en 1906. Mais dans sa ville natale, où il vit le jour en 1868, l'auteur de *L'Aiglon* ou encore de *Chantecler* ne semble pas jouir de la même aura. Marseille semble n'avoir fait que le minimum pour rendre hommage au créateur de l'une des pièces les plus célèbres du théâtre français. Peut-être est-ce dû au fait que Rostand soit né un 1er avril, il s'en s'amusa d'ailleurs en créant à cette date, à l'âge de 20 ans, le Club des natifs du premier avril, fondé sur des statuts farfelus comme celui de s'accorder le droit de pouvoir rire aux enterrements.

Il y a bien quelques petits hommages rendus çà et là dans la cité phocéenne où il revenait régulièrement pour rendre visite à sa famille domiciliée au château de Valmante. La rue Montaux où il naquit, au nº 14, prit son nom en 1919 – une discrète plaque rappelle très brièvement les faits. À l'intérieur, dans le hall, se trouvent deux médaillons en bronze doré de 1936, l'un en son honneur, l'autre dédié à son père, l'économiste Eugène Rostand. Un peu plus loin, un square ornementé d'un petit buste en bronze signé Sarto porte désormais le nom de l'Académicien. On trouve aussi dans un coin reculé du parc Chanot un monument commémoratif de Gondard inauguré en 1938.

En 2018, un frémissement a eu lieu dans la rue Edmond-Rostand. À l'occasion du centième anniversaire de sa mort, un festival Edmond Rostand fut créé, pour lequel fut imaginé un parcours historique en 16 étapes chez 16 commerçants. Depuis, le soufflé est à nouveau retombé dans le quartier des Antiquaires… On y trouve bien un Café Edmond, des galeries portant son nom, mais pas vraiment un hommage de la nation ! Cependant, un graff du Cyrano chapeauté est apparu dans la rue en 2019, sur la porte d'un garage, comme l'envie de l'artiste Franck Conte de reprendre à Bergerac un peu de sa propre histoire.

Adresse Maison natale au 14 rue Edmond-Rostand, 13006 Marseille ; buste à l'angle de la rue Rostand et la rue Saint-Suffren | **Transports en commun** Métro M1, arrêt Estrangin ; Bus 54/81/518/521/540, arrêt Préfecture | **Horaires d'ouverture** L'immeuble natal d'Edmond Rostand est fermé au public, mais de nombreuses entreprises y siègent, la porte s'ouvre à l'occasion afin de découvrir le hall | **À savoir** Au 19 rue Edmond-Rostand se trouve l'insolite église Saint-Nicolas-de-Myre, la plus ancienne église orientale de France. C'est la première église grecque melkite catholique au monde, édifiée en 1821 pour la communauté des « Égyptiens » arrivés après la campagne de Bonaparte sur les terres des pharaons.

66 La maison Trabuc

L'art des empreintes depuis 1896

Face aux voilettes blanches tout en modernité du Centre Bourse, une belle devanture haussmannienne rouge ornée d'un massif tampon en zinc fait de la résistance depuis 1896. La maison Trabuc, labellisée Entreprise du patrimoine vivant, est un des experts hexagonaux dans la fabrication de gravures et de tampons caoutchouc, œuvrant notamment pour les savonniers et le marquage de leurs créations parfumées. L'atelier abrite un tout petit cabinet de curiosités dévoilant entre autres plaques émaillées, cachets de cire et de nombreuses pièces rares. On y découvre notamment une robe réalisée en plaques d'aluminium rouge assorties de gravures autour du thème de l'amour, exposée en 2018 à la Maison de l'artisanat et des métiers d'arts de Marseille.

Cette collection d'objets hors du commun rappelle l'histoire de l'entreprise, qui a su s'adapter aux évolutions technologiques tout en préservant un savoir-faire unique en France. C'est en 1896 que Marius Bastide, caoutchoutier, fabricant de tampons et graveur, créa son affaire à qui il donna son nom. En 1918, il embaucha Antoinette Trabuc, sa petite-cousine éloignée, et lui transmit toute l'expertise de la maison jusqu'à son décès en 1943. Antoinette prit alors pendant 32 ans les rênes d'un atelier portant désormais son nom. Depuis 2019, la maison Trabuc est à nouveau une histoire de femmes grâce à Odile Couvin, qui perpétue cet héritage consolidé au fil des transmissions.

On ne vient pas ici spécialement pour admirer les quelques objets de collection, mais plutôt pour faire vivre un savoir-faire ancestral. On peut offrir ou s'offrir de superbes tampons personnalisés, des plaques professionnelles ou plus personnelles au nom d'une rue ou d'un souvenir intime. On fait réaliser des timbres en laiton, son propre cachet de cire, ou encore sa pince à sec à ses couleurs afin de gaufrer élégamment ses papiers précieux. Trabuc peut aussi réaliser votre fer à chaud afin de marquer durablement de votre empreinte le bois, le cuir et même des viennoiseries !

Adresse 31 rue Reine-Élisabeth, 13001 Marseille, tél. 04 91 90 77 69, www.trabuc13.com | Transports en commun Métro M1, bus 49/55/60, arrêt Vieux-Port | Horaires d'ouverture Du lundi au vendredi de 9 h à 12 h et de 13 h à 18 h (le vendredi jusqu'à 17 h) | À savoir Juste en face se trouve le jardin des Vestiges et son port antique, mis au jour en 1967. Vieux de 2 600 ans, datant de l'époque grecque, il a été entièrement revalorisé en 2019.

67_La Maison Transversale

À jamais les premiers

Et si le sport, que ce soit à Marseille ou dans sa globalité, pouvait se raconter autrement ? S'il trouvait un moyen d'expression transversal et multidisciplinaire, par l'axe de la littérature, de la mode, de l'art, du jeu de société ou encore de la décoration ? C'est le pari de ce rafraîchissant et original concept store, le premier du genre en France, installé dans la discrète rue de Bruys.

Après une première campagne victorieuse 100 % en ligne, Alex et Fabrice ont ouvert en 2019 une boutique galerie physique à Marseille. Mais impossible de s'établir sans faire la part belle aux icônes du ballon rond et en particulier aux madeleine de Proust de l'OM, surtout après le titre de Capitale européenne du sport obtenu par Marseille deux ans auparavant – bien qu'elle soit l'une des pires villes en termes de pistes cyclables et de piscines ouvertes. Le travail et l'œil décalé d'artistes contemporains, locaux ou non, ont permis de remettre en lumière cette histoire : on retrouve le mythique coup de tête de Basile Boli du match OM-Milan AC de 1993 décliné en affiches tactiques très graphiques ou en t-shirt *made in France* cassant les codes du genre. Baignés de nostalgie ou clins d'œil à l'actualité, les vêtements sont ainsi floqués d'un Bielsa – avec sa légendaire glacière –, de Dimitri Payet dansant sur *Zumba cafew* ou encore du marseillais Zinedine Zidane, qui n'a finalement jamais œuvré pour l'OM mais seulement pour l'AS Foresta et l'US Saint-Henri !

Rendre le sport multiple, c'est la force du lieu : on navigue entre la boxe, le golf, l'escalade, le rugby, le surf et même… le saut à la perche, par le biais d'une illustration en série limitée signée Anne Margot Ramstein. Une approche artistique et novatrice qui a séduit l'Olympique de Marseille. La Maison Transversale est ainsi partenaire du club, avec la création par des artistes locaux d'affiches officielles de matchs, en série limitée, à chaque rencontre à domicile – une première pour l'OM. Une collection que l'on peut retrouver dans la partie galerie, en alternance avec des expositions aux thèmes (sportifs) très variés.

Adresse 55 rue de Bruys, 13005 Marseille, tél. 09 84 27 54 94, maisontransversale.fr | **Transports en commun** Tramway T1, arrêt Eugène-Pierre | **Horaires d'ouverture** Du mardi au vendredi de 9 h à 19 h, le samedi de 10 h à 19 h | **À savoir** Juste à côté, à l'angle du boulevard Eugène-Pierre et du boulevard Chave, se dresse une statue de Fernandel, comme un clin d'œil. Né à Marseille au 72 boulevard Chave, il a, entre autres, incarné un garçon du Café des sports dans *Les Rois du sport* en 1937.

68 Le marché du Soleil

« Oh je veux voir/Voir briller l'étoile »

« Si on voulait vraiment embellir notre cité/Il faudrait un marché du Soleil dans chaque quartier », fredonnait en 2007 le groupe marseillais Massilia Sound System. « On y déniche des merveilles/Mais les plus belles, pour les avoir faut se dépêcher. » Cet immense dédale d'échoppes, caché dans un immeuble du XIXe siècle, renferme une telle institution qu'on en a fait une chanson. Certains habitués vous diront que ce temple des bonnes trouvailles a perdu de son éclat et un peu de son âme après s'être frotté de trop près au feu du soleil, ravagé par deux incendies en 2008 et 2016. Mais ce labyrinthe du shopping bon marché où « [l']on vient pour voyager, [où l']on vient pour palabrer » reste encore un petit monde à part et dépaysant à explorer. Malgré les travaux de réhabilitation, on distingue toujours l'ancienne structure centenaire.

À la fin du XIXe siècle s'affairaient encore ici les ouvriers de Léon Sauze & Joseph Segond, des spécialistes en grains et farines. La rue du Bon-Pasteur, débordante de marchandises, était alors l'ancienne route d'Aix-en-Provence. Elle doit son nom à une église fondée par monseigneur de Belsunce en 1738 et qui disparut en 1831. Aujourd'hui, les fidèles catholiques se font rares et on se presse plutôt au n° 16, la mosquée At-Taqwa fondée en 1975, avant d'aller flâner dans les allées du marché du Soleil ouvert quelques années après, au début des années 80. Cette création est alors une solution du maire Robert Vigouroux aux commerçants qui exerçaient à l'époque dans la rue, à même le sol !

Avant le sinistre de 2016, on comptait ici près de 130 box ; à présent, il y en aurait encore 90 sur les 5 000 mètres carrés du gigantesque hangar. Pour reprendre l'hymne des Massilia, « Il y a de l'or en barre, du bronze et de l'argent ». On aperçoit de jeunes fiancés à la recherche de leurs parures de mariage, des adolescentes friandes de vêtements de marque à petits prix – parfois des copies –, des familles en quête d'artisanat oriental, des affamés attirés par le fumet d'un kebab ou venus juste un instant « prendre le kawa sous la vieille sono », « se rencontrer », « respirer » et « échanger ».

Adresse 69 rue du Bon-Pasteur, 13002 Marseille | Transports en commun M1, arrêt Colbert – Hôtel-de-la-Région ; Bus 31/32/70/89/97/526/530/535, arrêt Pelletan-Marceau | Horaires d'ouverture Du mardi au dimanche de 8 h à 19 h | À savoir Écoutez l'album *Òai e libertat* de Massilia Sound System en déambulant rue Malaval pour découvrir l'immeuble paquebot de l'architecte du Mucem, Rudy Ricciotti, englobant depuis 2019 la mosquée Khalid Ibn Al Walid construite en 2005.

69_Le « Marseille » du parc Foresta

Quand la cité phocéenne se prend pour la Cité des anges

Que l'on revienne à Marseille par les airs, la route ou la mer, ce clin d'œil au célèbre panneau « HOLLYWOOD » est l'un des nouveaux symboles forts de la cité, le signe du retour à la maison. Ces lettres géantes de 13 mètres de haut et plus de 100 mètres de long ont accompagné en 2016 la sortie de la série *Marseille* produite par Netflix. Très décriée en France, elle a largement contribué au succès de la plateforme de vidéo en Amérique du Sud. La série figurait même en tête des titres les plus regardés au Brésil !

Ce mastodonte a pris place durablement au cœur du parc Foresta, une immense coulée verte de 20 hectares, balcon sur la Méditerranée et le port maritime. Une partie de ce terrain est utilisée à des fins commerciales afin d'accueillir le MIF 68, un showroom textile chinois insolite réalisé tout en conteneurs. 16 hectares ont été réservés en 2019 pour la réalisation de ce grand parc métropolitain, sous la baguette du collectif Yes We Camp. Longtemps, sur cette colline argileuse, on a cultivé la vigne et prélevé la matière première pour des ateliers de poterie. Au XIXe siècle, le domaine a renoncé peu à peu à ses activités agricoles et artisanales pour alimenter les tuileries du bassin de Séon et accueillir des quartiers industrieux et populaires. Au cœur de ce territoire se trouvait le château des Tours, qui appartenait en 1829 au marquis de Foresta. Il surplombait la colline jusqu'à ce que les batteries allemandes du Frioul le bombardent en 1944, le transformant en ruines.

Aujourd'hui, ces terres longtemps laissées à l'abandon ou parsemées de bidonvilles se sont métamorphosées en un lieu de détente, de promenade à cheval, de lien social mais aussi de production agricole et d'énergie verte. Un domaine encore un peu en friche, brut, en constante évolution. Fin 2021, le projet collectif a finalement changé de main : c'est l'association Foresta qui poursuit désormais la mission de développer ce parc métropolitain très atypique en collaboration avec la population du quartier.

Adresse Boulevard d'Hanoï ou parking du centre commercial Grand Littoral, 13015 Marseille | Transports en commun Bus 526/B2, arrêt La-Viste-Hanoï ; Bus 98, arrêt Aristarche | À savoir Lancé en 2019 par les équipes des Jardins Suspendus, le Baou est un étonnant club électro éphémère de 1 000 mètres carrés. Il se pose durant la saison estivale sur le domaine atypique du MIF 68, le Marseille International Fashion Center, à flanc de colline sur un site exceptionnel dominant toute la baie (lebaou.fr).

70 Marseille Street Art Show

Le remp-art des puces

C'était un lieu sinistre, un de ces vastes parkings bétonnés marseillais sans âme, où l'on ne s'attardait pas après avoir rapidement garé sa voiture et poliment refusé des paquets de Marlboro à une dizaine de vendeurs à la sauvette. Les cigarettiers sont toujours là, fidèles au poste, mais depuis 2014, quelque chose a changé sur les immenses murs du marché aux puces du cap Pinède.

La galerie éphémère Saint-Laurent, sous l'impulsion de son curateur Stéphane de Calmels, a initié en 2014 le Marseille Street Art Show, qui a tenu quatre éditions en quatre ans – malheureusement pas une de plus. Chaque année, une dizaine d'artistes d'art urbain issus de tous horizons étaient invités à exposer leurs fresques murales monumentales, illuminant ce temple de la chine de 17 000 mètres carrés fondé en 1988 mais étranglé entre deux voies rapides. Certains racontent qu'on aurait imaginé cette immense et exceptionnelle galerie à ciel ouvert afin de créer un bouclier artistique pour préserver l'âme des puces de la destruction et de l'appétit de réhabilitation vorace du projet Euromed, qui remonte chaque année vers le nord de Marseille avec ses fameux éco quartiers (sans espaces verts !)

Le dernier projet en date, lancé fin 2020 et pour des années de travaux, c'est celui des Fabriques, englobant le marché réhabilité, valorisé, désenclavé et aux fresques conservées. Les puces deviendront « la place du village des Fabriques » selon les mots toujours bien choisis et poétiques des promoteurs. Un nouvel environnement censé accueillir employés, artisans, start-up et familles. Quant aux 27 œuvres réalisées sur 10 000 mètres carrés de façades et de murs, elles ont fait front, accomplissant leur sainte mission de conservation. Elles permettent d'apprécier la griffe de maîtres du genre tels Amose, Zesar Bahamonte, Ruben Carrasco, Romain Froquet, Goddog, Mahn Kloix, Theo Lopez ou encore Joachim Romain. Le site a été intégré au MauMa, le musée des Arts urbains de Marseille, un parcours d'art exceptionnel à ciel ouvert qui gagne peu à peu le quartier de Saint-Mauront.

Adresse 136 chemin de la Madrague-Ville, 13015 Marseille, centrecommerciallespuces.com | **Transports en commun** Métro M2, arrêt Gèze ; Bus 36, arrêt Marché-aux-Puces | **Horaires d'ouverture** Fresques visibles 24h/24, marché couvert ouvert tous les jours sauf le lundi de 8 h 30 à 19 h 30, marché forain le samedi et le dimanche de 7 h 30 à 14 h | **À savoir** D'ici 2025, un espace culturel liant musée du street-art, ateliers d'artisans, école de hip-hop, salle de spectacles, auberge de jeunesse et hôtel ouvrira ses portes au sein de l'ancienne savonnerie La Tulipe (latulipe-marseille.fr).

71 Le mémorial des Déportations

Marseille 1943, une histoire oubliée

Ce blockhaus est discrètement posé à l'ombre d'une des passerelles en béton reliant le quartier du Panier au fort Saint-Jean. Ce petit musée, les Marseillais l'ont un peu oublié ; à leur décharge, les travaux du Mucem ont entraîné sa fermeture pendant presque 10 ans ! Le lieu s'est ouvert au public pour la première fois en 1995, pour le 50e anniversaire de la libération des camps de la mort. Après des années d'attente, le bunker se dévoile de nouveau depuis décembre 2019 avec une toute nouvelle scénographie et une thématique orientée vers la mémoire des déportations.On ne s'y bouscule pas, et pourtant ce lieu très surprenant raconte un épisode fondamental de l'histoire marseillaise. Il a été imaginé avec intelligence et sensibilité pour témoigner des politiques de répression et de persécution mises en œuvre à Marseille durant la Seconde Guerre mondiale. Sa structure même est déjà insolite. D'une surprenante capacité de 350 places, ce blockhaus de 1943 était destiné à servir d'abri-infirmerie pour la marine de guerre allemande. Véritable coffre-fort, on l'a doté de murs armés de métal de 2 mètres d'épaisseur, d'un plafond d'acier résistant aux tirs et aux bombardements et d'un système de filtrage de l'air en cas d'attaque au gaz !

Le rez-de-chaussée met en évidence les vestiges des constructions militaires allemandes à Marseille, tandis que 19 panneaux rendent également compte des destins de déportés. Un film retrace l'année 1943 : la terrible rafle de 6 000 personnes, l'expulsion de 20 000 Marseillais et la destruction de 1 200 immeubles du Vieux-Port. Le premier étage abrite des expositions et des récits vidéo d'anciens déportés. Ces témoignages sont bouleversants, mais l'émotion monte encore en puissance au dernier étage. Il abrite en effet une sculpture monumentale signée Jean-Marc Bourry symbolisant la menace de la barbarie, accompagnée par les vibrations du son et les images d'une installation artistique et par des urnes très graphiques contenant de la terre de douze camps de concentration et six camps d'extermination.

Adresse Au pied du fort Saint-Jean, avenue Vaudoyer, 13002 Marseille | **Transports en commun** Bus 49/60/82/82s/83/582, arrêt Fort-Saint-Jean | **Horaires d'ouverture** Du mardi au vendredi de 11 h à 18 h (dès 9 h 30 pendant les vacances scolaires) et de 9 h 30 à 18 h les week-ends | **À savoir** Au 29 Grand-Rue se trouve l'hôtel de Cabre : construit en 1535, c'est le plus vieux bâtiment de la ville et l'un des rares rescapés de la destruction du Vieux-Port de 1943. Pendant la reconstruction du quartier, en 1954, la maison fut déplacée d'un bloc et tournée de 90 degrés pour rentrer dans l'alignement de la Grand-Rue !

72 Le monastère de la Serviane

Crime et châtiment

La chapelle du très secret monastère de la Serviane s'ouvre volontiers au grand public, mais il existe une autre partie que les sept sœurs propriétaires de cet immense domaine, convoité par tous les promoteurs et le centre d'entraînement de l'OM, autorisent à visiter sous certaines conditions : il faut être scout et entretenir le domaine ou, plus reposant, devenir membre de l'association de balades patrimoniales Marseille Autrement.

L'exploration débute par une étrange rencontre avec une des sœurs à travers un claustra afin d'éviter tout contact ; les religieuses ayant fait vœu d'enfermement et d'adoration du Très Saint Sacrement. Peut-être rencontrerez-vous l'une d'elles, l'œil pétillant, rentrée ici à l'âge de 17 ans et n'en étant jamais ressortie 30 ans après. Une précieuse clé est alors confiée. Cette congrégation des Filles du Cœur de Jésus fut fondée en Belgique en 1873 par la Marseillaise Marie Deluil-Martiny. Devenue Mère Marie de Jésus, elle transforme en 1880 son héritage familial, cette magnifique campagne, en monastère. Suite de la visite : une porte s'ouvre et l'exploration continue via un chemin de croix au cœur d'une incroyable pinède dominant tout Marseille, vers une stèle commémorative… la scène du crime ! C'est ici que le jardinier du monastère, Louis Chave, congédié pour insuffisance dans son travail, a assassiné par vengeance Mère Marie de Jésus le 27 février 1884, peut-être aussi poussé par les théories anarchistes en vogue à cette époque. « Je lui pardonne… pour l'œuvre » aurait été les dernières paroles de la Mère, gravées sur la pierre. Son meurtrier, poursuivi par les gendarmes, mit fin à ses jours non loin de là après avoir blessé une autre sœur. La dépouille de la Mère fut d'abord enterrée à Marseille, puis retourna en Belgique dans le caveau de la congrégation. À cette occasion, on découvrit avec stupéfaction que le corps, 22 ans après, était intact ! Un miracle pour le pape qui procéda à sa béatification en 1989.

Adresse 68 traverse de la Serviane, 13012 Marseille | Transports en commun Bus 7, arrêt Trois-Lucs-Germaine puis 10 minutes à pied | Horaires d'ouverture Chapelle ouverte de 7 h à 17 h 30. Visites de la pinède dans le cadre d'une passionnante balade de trois heures, inscription sur marseille-autrement.fr, 10 euros de cotisation annuelle puis 5 euros la visite | À savoir Déambulez dans les bucoliques et verdoyantes ruelles du quartier des Trois-Lucs. Quasiment inhabité jusqu'à la fin du XIXe siècle, son nom viendrait de trois lumières de postes de surveillance. Asseyez-vous face à un panorama sur tout Marseille et, pour rester dans le thème, lisez *Marseille – Meurtre au couvent (La Serviane 1884)* de Michel Méténier et Fernand Revilla aux éditions Mémoires de Gignac.

73 La (fausse) mosquée des Galériens

La guinguette devenue monument historique

Il en est parfois ainsi à Marseille : on aime perpétuer pendant des siècles de belles mais fausses histoires. Le mythe de la fondation de la ville par les Phocéens après leur alliance avec les Celto-Ligures en est un exemple marquant. Une plaque la situe au Vieux-Port alors que trois archéologues ont assuré en 2019 qu'elle aurait eu lieu à Saint-Blaise, proche de Martigues ! Il en est de même avec la mosquée des Galériens, cachée dans un bien triste état au fond du parc Valbelle – et même encerclée d'un ruban « scène de crime » et interdite au public lors de ma visite !

On a longtemps cru que ce bâtiment était un vestige de la mosquée du cimetière de l'Arsenal des Galères datant de 1670, dit aussi à l'époque « cimetière des Turcs esclaves du roi ». Cette mosquée aurait été construite pour les forçats ottomans, avant d'être maintes fois transformée et déplacée. Mais cette théorie a été remise en cause dans les années 90, notamment par le professeur Régis Bertrand.

Pour trouver, peut-être, le fin mot de l'histoire, il faut se rendre sur le jardin de la colline Puget fondé en 1801, soit le plus ancien de la ville. Soixante ans plus tard, on y inaugura le kiosque Bonaparte, une guinguette très prisée édifiée par l'ingénieur civil Léon Cahier dans une architecture orientaliste. L'établissement a été détruit en 1890 mais son deuxième étage a pu être préservé. Il partit ornementer en 1885 la villa des Allobroges, au 291 rue Paradis. Elle-même fut détruite en 1926 : on raconte que les propriétaires la pensaient hantée. Une fois de plus, des fragments ont été conservés pour bâtir en 1927 un nouvel édifice, imaginé par l'industriel Paul Rouvière afin de combler le chagrin de sa femme après la noyade de leurs deux enfants dans la rade de Bandol… et ce qui devait être à l'origine une mosquée du temps de l'Arsenal des Galères, acquise par la ville et inscrite au titre des monuments historiques en 1965, s'avère être une chapelle privée de style mauresque née de la destruction d'une simple guinguette.

Adresse Parc Valbelle, 584 avenue du Prado, 13008 Marseille | **Transports en commun** Bus 19/83, arrêt La-Plage | **Horaires d'ouverture** Tous les jours de 8 h à 17 h 30 ou 20 h selon la saison | **À savoir** Sur la fin de l'avenue du Prado, vous tomberez nez à nez – ou plutôt nez à cul – avec « Monsieur Cuvermer », placé ici depuis 1949. Il s'agit d'une copie en marbre de Carrare du célèbre *David* de Michel-Ange, offerte par le marbrier sculpteur Jules Cantini en 1903. Nu et tournant le dos à la mer, il a hérité du surnom de Monsieur Cuvermer (cul vers mer) ou Cuverlo (cul vers l'eau).

74 Le musée de Notre-Dame-de-la-Garde

Une histoire de résurrection

Comment la basilique Notre-Dame-de-la-Garde, signée en 1897 de la patte si byzantine de Jacques Henri Espérandieu, peut-elle avoir sa place dans un guide dédié aux lieux insolites ? Car elle renferme un écrin si délaissé qu'il a dû fermer ses portes ! Heureusement, il est de nouveau accessible.

La « Bonne Mère » est le passage obligé à Marseille, que ce soit pour admirer un panorama grandiose, pour demander une guérison, pour remercier d'avoir survécu à un naufrage ou pour supplier les cieux de battre enfin le PSG… Deux millions de visiteurs « montent à la garde » chaque année, mais seulement une vingtaine par jour parcouraient son très intéressant musée ouvert en 2013 dans l'indifférence générale ! Le manque de communication et de visibilité de cet espace caché au niveau 0 de la basilique a entraîné sa fermeture en 2019. On pensait l'histoire close, mais 2023 marque la résurrection de cet espace qui mérite que l'on s'écarte du classique chemin de croix. Le musée propose de découvrir 800 ans d'histoire de la basilique, des origines du sanctuaire en 1214 à sa reconstruction au milieu du XIXe. Évidemment, plusieurs thématiques liées à la foi, aux pèlerinages ou à la Vierge Marie sont mises en avant, mais on trouve également des sections consacrées à son architecture, à son ancien funiculaire – en activité de 1892 à 1967 – et à la libération de Marseille en août 1944, dans laquelle la basilique a joué un rôle clé – les impacts de balles sont encore visibles sur ses façades.

L'élégante scénographie mixe habilement peintures, photographies, objets liturgiques, ex-voto, maquettes et archives vidéo de l'INA, avec des témoignages poignants et amusants fleurant bon le Marseille de l'époque de Pagnol. Ce musée, qui aura nécessité 5 millions d'euros de financement pour son lancement, vivotait encore à sa réouverture, cherchant son rythme d'ouverture. Pour l'anecdote, j'ai dû poser la question à la boutique pour que l'on vienne me l'ouvrir !

Adresse Rue Fort-du-Sanctuaire, 13006 Marseille, notredamedelagarde.fr | **Transports en commun** Bus 60, arrêt Notre-Dame-de-la-Garde ; circuit du petit train touristique de Marseille ou du Colorbüs | **Horaires d'ouverture** Du mardi au dimanche de 10 h à 17 h | **À savoir** Dans la butte de Notre-Dame-de-la-Garde se cachent les immenses vestiges de la batterie Tellène, autre lieu méconnu des Marseillais. Il s'agit d'un bunker de commandement construit en 1942 par les Allemands, qui pouvait contenir 800 hommes en autarcie complète sur plusieurs étages nichés dans un réseau de grottes !

75 Le musée de Paléontologie

400 millions d'années d'histoire géologique de la Provence

À Marseille, il existe un lieu confidentiel permettant de parcourir 400 millions d'années d'histoire géologique de la Provence grâce à une riche exposition de fossiles provenant des roches de la région, récoltés depuis plus d'un siècle par les enseignants et chercheurs, géologues et paléontologues, de l'université Aix-Marseille. On le sait peu, mais le campus de Saint-Charles abrite au sein de ce qui fut la première faculté des Sciences de Marseille, construite en 1911, le musée et les collections de Paléontologie de Provence. Il regroupe pourtant des trésors majeurs issus de nombreuses collections de chercheurs professionnels et amateurs, mais aussi de l'ancien Musée colonial de la faculté.

On ressent ici l'atmosphère des anciens cabinets d'études des naturalistes grâce aux superbes meubles et vitrines en bois verni de la fin du XIXe siècle. La grande salle d'exposition réunit les fossiles de créatures (invertébrés, vertébrés et végétaux) qui ont peuplé les environnements continentaux ou marins des terrains de Provence au fil de son histoire géologique. À travers une scénographie pédagogique, on remonte ainsi les millions d'années de l'échelle du temps dans l'ordre stratigraphique des terrains. Vous pourrez contempler notamment des œufs de dinosaures du crétacé supérieur venus du site Sainte Victoire, une tortue fossile du Tertiaire d'Aix-en-Provence ou encore une majestueuse ammonite de 1 mètre de diamètre découverte dans le Var datant du crétacé supérieur.

Le lieu permet également de s'interroger sur l'évolution de la biosphère et de la biodiversité, sur les grandes crises biologiques que la Terre a connues ou encore sur les environnements et les climats du passé géologique de la Provence. Une impressionnante salle voisine abrite plusieurs milliers de fossiles des collections personnelles des chercheurs, rassemblées ici à l'issue de leurs travaux paléontologiques effectués dans de nombreuses régions du monde.

Adresse Musée et collections de Paléontologie, CEREGE, AMU, Campus Saint-Charles, 3 place Victor-Hugo, 13003 Marseille, tél. 04 13 55 12 36, mdp@cerege.fr, www.cerege.fr | Transports en commun Métro M1/M2, arrêt Saint-Charles ou Gare routière Saint-Charles ; Bus 82s/521, arrêt Faculté-Saint-Charles | Horaires d'ouverture Du lundi au vendredi de 9 h 30 à 17 h 30, exclusivement sur rendez-vous | À savoir Les passionnés de paléontologie peuvent également parcourir la superbe salle de Provence du Muséum d'histoire naturelle de Marseille. Rénovée en 2020, elle abrite des milliers de spécimens fossiles et naturalisés régionaux, sublimés par ses murs aux 40 blasons provençaux accompagnés de fresques de 1869 du peintre Raphaël Ponson.

76 Le Musée subaquatique de Marseille

Port du masque obligatoire

Lancé officieusement le 15 septembre 2020 en pleine crise sanitaire du Covid, ce musée recommande toujours à ses visiteurs le port du masque… de plongée. En effet, cette installation de 10 statues en béton écologique se situe à 100 mètres au large de la plage des Catalans, immergée à 5 mètres de profondeur ! Premier du genre en Méditerranée, le projet a failli ne jamais voir le jour : il était initialement prévu comme l'événement phare de Marseille-Provence 2017 Capitale européenne du sport afin d'accueillir les œuvres du sculpteur anglais Jason deCaires Taylor, le spécialiste mondial de la sculpture sous-marine. C'est finalement un nouveau projet multi-artistes qui a vu le jour trois ans plus tard, après une longue campagne de concertation et de persuasion des sceptiques et même un procès !

Antony Lacanaud, son fondateur, a tenu bon contre vents et marées, et on ne peut que l'en remercier en survolant le *Poséidon* de Christophe Charbonnel, en s'offrant un tête-à-tête avec *Les Néréides* d'Evelyne Galinski ou encore en effleurant l'oursin géant de Daniel Zanca. Les formes et les visages se dévoilent et s'animent au gré de la lumière qui transperce les vagues. Au-delà d'un projet artistique pur, le MSM est également un défi technique, scientifique, pédagogique et environnemental. Il a ainsi vocation à devenir autant un haut lieu de plongée qu'un laboratoire agissant pour la préservation du littoral. Les sculptures sont des œuvres vivantes qui devraient favoriser le développement de certaines espèces. Un suivi scientifique de la faune et de la flore du lieu va être mis en place avec de nombreuses institutions, dont le CNRS. Un programme pédagogique à destination des élèves est également au cœur du projet afin de renforcer les liens entre la jeunesse marseillaise et les enjeux environnementaux. Une démarche de sensibilisation qui se retrouve également au sein d'une base d'accueil à terre, directement sur la plage des Catalans, lancée lors de l'inauguration officielle du musée en 2021.

Adresse Au large de la plage des Catalans, emplacement marqué par une bouée, 13007 Marseille, musee-subaquatique.com | Transports en commun Bus 81/82/82s, arrêt Plage-des-Catalans | Horaires d'ouverture Visite libre en permanence. Accessible aux nageurs moyens. Bouée de repos au cœur de l'espace du musée. Possibilité de visites guidées et événements (consultez le site web du MSM) | À savoir Vous voulez observer les poissons, mais la plongée n'est pas votre tasse de thé ? Descendez à la station de métro Vieux-Port. Créée en 1977, elle est décorée dans le thème de la mer, et vous pourrez même y voir de vrais poissons dans de petits aquariums.

77_MX Marseille

La maison de l'anis signée Pernod Ricard

En 2021, un frémissement se faisait (enfin) ressentir dans la torpeur des Docks Village… La place du Marché a pris le nom de place Paul-Ricard, annonçant l'arrivée plus que symbolique d'un temple dédié à l'anis dans la cité. Comme un faire-part qui célébrait la fusion des sièges de Pernod et de Ricard en un seul lieu, ici, à Marseille. L'entreprise a installé ses bureaux dans l'emblématique bâtiment de près de 7 700 mètres carrés des Docks, fondé en 1864, où transitait autrefois l'anis étoilé débarqué des cargos. Finis donc les bureaux parisiens et ceux, historiques, de l'usine de Sainte-Marthe, transformés en un surprenant tiers-lieu dédié à l'innovation éducative, l'Épopée Village (voir chap. 46).

L'arrivée des 400 salariés de Pernod Ricard France et la création du MX Marseille ont été une bouffée d'oxygène pour la très belle – mais un peu vide – galerie commerciale des Docks. Lancée en 2015, elle peinait à être aussi attractive que sa voisine des Terrasses du Port faute de magasins à la mode – et ce malgré les nombreux trophées qu'elle a gagnés pour son architecture. Le *concept store* MX Marseille se décline en plusieurs univers : sa boutique vend des produits alimentaires et des spiritueux, mais aussi des cosmétiques, du textile, de la déco, et accueille un petit espace librairie. Elle présente également des créations d'artistes et d'artisans locaux. Le bar, très pop et coloré, propose des cocktails exclusifs, dont le « Born in Marseille », à base de Ricard bio amande, de Martell VSOP, de jus de citron et de sirop d'eau de banane. Côté restauration, on déguste une cuisine du Sud aux saveurs parfois anisées, imaginée par des chefs en résidence.

Mais l'atout du MX Marseille est son MX Expérience, une exposition immersive et sensorielle autour de l'histoire de l'anis et de Ricard. L'odorat, la vue, le toucher et l'ouïe sont sollicités, mais aussi l'oreille interne, puisque l'on est allègrement secoué à bord d'un Méhari lors d'une animation ludique façon *Taxi 5* dans les rues de Marseille !

Adresse Atrium 10.7 des Docks, 10 place de la Joliette, 13002 Marseille, mxmarseille.com, lesdocks-marseille.com | **Transports en commun** Tram T2, Métro M2, arrêt Joliette | **Horaires d'ouverture** Les Docks Villages sont ouverts tous les jours de 10 h à 19 h | **À savoir** La façade nord du bâtiment des Docks est très réussie : elle est habillée de 30 709 lettres et de 30 extraits de textes évoquant Marseille, sélectionnés avec soin par l'architecte Alfonso Femia. À vous de retrouver les écrits de Cicéron, César, Montesquieu, Casanova, Balzac, Giono, Mérimée, Hemingway ou encore Albert Londres…

78 Notre-Dame-de-la-Salette

Ouverte aux treize vents

Sur les hauteurs verdoyantes des Accates, l'un des quartiers les plus aisés de Marseille, un petit chemin sinueux et très peu fréquenté emmène les quelques curieux égarés sur les hauteurs de la colline des « Treize Vents », au cœur d'une belle pinède dominant le golf de la Salette. Ce magnifique 18 trous tracé dans un jardin provençal en 1989 a pris le nom d'une grande et mystérieuse église aujourd'hui totalement abandonnée, plongée dans une lente agonie, certainement du fait de son isolement. L'édifice, ceinturé de grillage, dévoile cependant par endroits son cœur, sa fragile carcasse voûtée et ses étonnantes fresques bleutées.

Le site, du temps de sa courte splendeur, n'accueillait pas une paroisse mais un lieu de pèlerinage. L'église ex-voto a été érigée par le riche propriétaire terrien Gaspard Nicolas avec ses propres fonds. En 1860, il a en effet miraculeusement guéri d'un cancer de la peau pourtant jugé incurable. Il doit la vie, selon lui, à sa visite de la basilique Notre-Dame-de-la-Salette en Isère. Il décida donc en 1865 de bâtir une petite chapelle en guise de remerciement. Elle fut très vite dépassée par son succès et c'est pourquoi il imagina huit ans après cette copie de la fameuse basilique en modèle réduit. Ce fut un nouveau triomphe, l'obligeant même à mettre en place un réseau d'omnibus afin d'acheminer la foule de pèlerins ! Gaspard Nicolas possédait 13 fermes au cœur de ce quartier couvert de cultures, dont des vignobles produisant un vin de grande qualité. Il modela cet immense domaine, améliorant les voies d'accès, réalisant des drainages, consolidant les restanques… Il reçut d'ailleurs en 1876 une médaille d'argent des mains du ministre de l'Agriculture pour son engagement.

Quant aux pèlerinages, ils se déroulaient tous les 19 septembre jusqu'à une toute dernière messe en 1990. En 2011, un complexe hôtelier souhaita s'implanter à cet endroit en intégrant une chapelle dédiée à Notre-Dame-de-la-Salette. Mais une association chrétienne vouée à la défense du site eut raison des ambitions du promoteur en 2015. Depuis, le mistral et ses 12 apôtres continuent de transpercer inexorablement la belle bâtisse en attente d'un nouveau miracle.

Adresse Chemin de la Salette, 13011 Marseille | **Transports en commun** Qui dit isolement dit « prenez votre voiture », en effet il vous sera difficile de rejoindre le site en transport en commun | **Horaires d'ouverture** Accessible 24h/24 cependant il est interdit de pénétrer à l'intérieur de l'église compte tenu du danger et de la fragilité de la structure | **À savoir** En se garant devant l'église et en poursuivant sur le chemin de la Salette, on accède alors à une très belle promenade le long du golf au cœur d'un immense domaine forestier gorgé de pins et d'oliviers, à l'ombre, tout plat et offrant en bonus de beaux panoramas sur Marseille.

79 L’orgue de l’œuvre des Servantes

Instrument rare cherche pianistes passionnés

C’est précisément ici que l’histoire de ce quartier du nord de la Plaine a commencé. Généreux mais un peu égocentrique, Jean-Baptiste de Villiers de Saint-Savournin a offert en 1776 une partie de son domaine à la ville, moyennant un boulevard arboré à son nom, le boulevard de Villiers devenu l’actuel cours Franklin-Roosevelt, ainsi qu’une venelle, la rue Saint-Savournin.

La première bâtisse à voir le jour sur ce bout de terrain fut construite en 1784, au milieu des champs et des oliviers. Plus de 200 ans après, la belle maison et ses jardins arborent toujours de nombreux éléments d’origine. En 1855, elle fut achetée par la congrégation des sœurs de Notre-Dame-de-la-Compassion, fondée en 1843 par le Père Jean-François Régis Barthès S.J. L’œuvre recueillait alors les jeunes filles de la campagne en quête d’un emploi de servante à Marseille. Aujourd’hui, ce cocon paisible héberge une cinquantaine d’étudiantes et prochainement des garçons – une révolution ! C’est en 1860 que fut construite une deuxième maison ; elle abrita notamment une école jusqu’aux lois de 1905, aujourd’hui transformée en petit théâtre. Une étonnante chapelle néogothique bleutée y est adossée. Elle renferme un superbe orgue de 1866, réalisé par l’un des maîtres en la matière, le facteur Théodore Puget.

La chapelle tout comme l’instrument ont été dessinés par l’abbé Joseph Pougnet auquel avaient été confiés, à la même période, l’achèvement et le décor de l’église des Réformés. L’instrument, rare et en parfait état de conservation, avait lors de son inauguration subjugué les amateurs. Il arbore un style gothique flamboyant aux couleurs gris et or, encadrés de colonnettes surmontées d’anges musiciens. Son cœur cache un mécanisme récemment restauré avec une tubulure en carton et des soufflets en peau de chèvre d’Ardèche ! La congrégation, portée par son gardien du patrimoine, Régis Deretz, dévoile volontiers ses pépites, invitant même les pianistes à venir s’essayer sur cet orgue unique.

Adresse Foyer Jean-François Régis, 50 rue Saint-Savournin, 13001 Marseille, tél. 04 91 48 10 46, www.foyer-jeanfrancoisregis.org | Transports en commun Métro M1, tram T2, bus 74, arrêt Réformés-Canebière | Horaires d'ouverture Visite du jardin et de la chapelle sur demande, par téléphone | À savoir Lors de votre exploration, vous aurez peut-être la chance que l'on vous dévoile ce qui serait l'une des très rares traboules de Marseille. Ces passages piétons, très courants à Lyon, traversent des cours d'immeubles. Celui du foyer fut construit en 1834 afin de garder un accès vers la rue Barbaroux lors de la construction de nouveaux logements.

80_La pagode Phap-Hoa Tu

Voyage sans escale

On évoque immanquablement Marseille à la sauce algérienne, corse, italienne, arménienne ou encore comorienne… mais qu'en est-il de sa relation au continent asiatique ? Elle se fait beaucoup plus discrète. On compte bien un jumelage avec Kobé au Japon et Shanghai en Chine, concrétisé dans le Jardin botanique du parc Borely à travers la création des jardins japonais et chinois. Et l'ex-maire d'arrondissement Sabine Bernasconi a désiré un temps – très court – transformer en Chinatown le quartier textile de Belsunce !

Pourtant, depuis les débuts de la période coloniale, six vagues migratoires ont déraciné de très nombreux Vietnamiens vers la cité phocéenne, « porte de l'Orient ». Ce terminus des paquebots en provenance d'Indochine a été une escale ou un pied-à-terre pour plus de 100 000 *boat people* à la fin des années 70. Marseille rassemble encore aujourd'hui l'une des plus importantes communautés vietnamiennes, la deuxième après Paris. Et cette présence se retrouve parfois là ou ne l'attend pas, comme avec l'étonnante pagode vietnamienne Trúc Lâm perdue dans la garrigue de Saint-Marcel ou ici avec la pagode Phap-Hoa Tu, le plus grand lieu de culte bouddhiste marseillais, niché sur une colline à quelques pas des cités de la Savine.

Son architecture traditionnelle, sa succession de statues et ses décors rouge et or flamboyant offrent une véritable escapade au cœur des quartiers nord. Pour les plus imaginatifs, le canal de Marseille bordant la pagode pourrait même rappeler la rivière des parfums ceinturant Hué, l'ancienne capitale impériale du Vietnam ! La pagode, mot tamoul signifiant « divinité », est vouée exclusivement au culte du Bouddha. On peut le découvrir ici dans différentes postures, notamment couché, malade ou sur le point d'entrer dans le nirvana. Ce temple a été fondé en 1978 par le moine bouddhiste vietnamien Tchich Thien Dinh et renferme d'ailleurs son mausolée. On vient ici pour prier bien sûr, mais aussi se retrouver et partager autour de chả giò (nems) ou encore d'un sauté de tofu aux légumes et d'aubergines fondantes.

Adresse 3 chemin de la Pagode, 13015 Marseille, tél. 04 91 51 68 10 | **Transports en commun** Bus 30/530, arrêt Savine-Tunes | **Horaires d'ouverture** Du lundi au vendredi de 9 h à 17 h. Repas végétarien ouvert à tous à 12 h le 1er dimanche de chaque mois, 10 euros. Prenez contact par téléphone pour les modalités et réservation | **À savoir** À proximité de la pagode de la Savine on trouve, au 226 chemin de Saint-Antoine, la pagode Pho Da, toute revêtue de jaune, moins typique mais très animée, notamment lors du Nouvel An vietnamien.

81 Le parc de la Jarre

La nature déconfinée

Ce parc, le 54e de la ville, a été inauguré le 14 février 2020. Un mois plus tard, le pays rentrait dans une période de 55 jours de confinement, laissant ce très bel espace de plus de 2 hectares de végétation méditerranéenne, ceinturé de collines, se développer en toute quiétude ! Ancien terrain cultivé, puis parking de fortune (boueux) pour le théâtre du Centaure mitoyen, c'est aujourd'hui l'un des parcs les plus agréables de Marseille.

Cet espace vert connecte les quartiers sud de la ville via une promenade piétonne et cycliste reliant le Prado aux collines de Sormiou à travers l'allée des Calanques, colonne vertébrale d'un vaste projet de renouvellement urbain. Le parc de la Jarre évoque dans sa conception son passé agricole et son environnement lié au canal de Marseille, adoptant une logique durable et responsable avec des essences végétales compatibles avec celles du parc national des Calanques tout proche, résistantes et peu gourmandes en eau.

Au milieu de bassins, de canaux, de champs de fleurs, de vastes prairies et d'aires de jeux, un verger a ainsi été planté et les vestiges de son patrimoine, comme les anciens murs de séparation des parcelles ou le cabanon, destiné à l'élevage des cochons, ont été restaurés. Une des deux entrées du domaine abrite la bastide de la Jarre, construite au XIXe siècle, jouxtant une très belle orangerie de 300 mètres carrés à la façade néogothique. Un appel à projets porté par la Ville et la Soleam a été lancé pour réinvestir et faire vivre la demeure.

Le parc dévoile également une noria à sang découverte en 2015 dans le quartier. Il s'agit d'un outil, ici propulsé par la force animale, permettant de pomper l'eau. Il était utilisé par les maraîchers locaux dans les années 1850, après la construction du canal de Marseille. L'arrivée du précieux liquide a profondément modifié les paysages agricoles, favorisant le développement du maraîchage, l'installation de fermes et notamment de vaches laitières. De nos jours, l'un des derniers vachers des Bouches-du-Rhône œuvre encore à Allauch, aux portes de Marseille.

Adresse Entrées impasse Karabadjakian ou avenue de la Jarre, 13009 Marseille | Transports en commun À une heure du centre-ville : métro 2, arrêt Rond-Point du Prado puis bus 23, arrêt Soude Pomeillon, puis 10 minutes à pied | Horaires d'ouverture En basse-saison de 8 h à 18 h, en haute-saison de 8 h à 19 h | À savoir Ne manquez pas le théâtre du Centaure voisin. Le bâtiment réalisé par quatorze charpentiers javanais est remarquable, et la compagnie qui l'habite a fondé depuis 1989 son ADN sur la recherche de l'» acteur centaure », un acteur double, mi-homme, mi-cheval. Il est possible d'y voir un spectacle, mais aussi de visiter les écuries ou simplement d'y boire un thé (theatreducentaure.com).

82 Le phare du Planier

Le 17e arrondissement de Marseille

« Si le Planier ramène au pays, il préside aussi au départ », écrivait Albert Londres. C'est une oasis, un mirage défiant nos perceptions au gré des embruns ; il s'amuse à nous sembler tout proche ou inaccessible, perdu au pied de l'horizon. Le phare du Planier, c'est le Marseille oublié, lointain, bâti sur un petit îlot de rochers à 15 kilomètres au sud-ouest du Vieux-Port. Quand on a la chance de l'observer de près, on est marqué par ce fragment de ville à l'architecture « néovisionnaire », avec son square, son grand escalier, sa statue de poisson en pierre de Cassis au pied de l'unique arbre de l'île. Le monument, classé depuis 2012, est un marqueur des époques et des tempêtes qu'il a traversées… du charbon à la cellule photoélectrique, en passant par l'éclairage à l'huile, dans des tours de plus en plus élevées. Cette lumière guide les navigateurs depuis le Moyen Âge mais les récifs le ceinturant ont été à l'origine de nombreux naufrages.

En 1320, le roi Robert d'Anjou fit bâtir une tour à feu à cet emplacement. En 1774, la tour est modernisée : elle s'élève désormais à 13 mètres au-dessus de la mer et est éclairée par 14 lampes à huile. Puis, en 1829, on inaugura un nouveau phare qui totalisait 36 mètres de hauteur. En 1881, il fut électrifié : désormais haut de 59 mètres, sa lumière était visible à 40 kilomètres. Mais ce troisième phare fut détruit en août 1944 par les troupes allemandes. On installa un feu provisoire en attendant la reconstruction du phare, qui débuta en 1947. Les architectes imaginèrent un géant de 66 mètres tout en pierre de taille et flanqué d'une résidence dédiée aux gardiens et à leurs familles. Allumé le 25 août 1959, il ne fut cependant jamais achevé, le chantier étant jugé trop coûteux.

Le phare est automatisé en 1986 et les derniers gardiens quittent l'île fin 1991. Un centre de plongée et son auberge spartiate s'y sont installés pendant 12 ans, avant de devoir fermer leurs portes en 2004. Depuis, le phare se dégrade inexorablement, mais un partenariat entre le parc des Calanques et l'armateur CMA CGM, évoqué en 2019, pourrait peut-être mener à sa restauration.

Adresse Île du Planier, Marseille | **Transports en commun** À découvrir depuis la mer en bateau privé ou de location et lors de plongées. L'accostage est à ce jour officiellement interdit par le parc national des Calanques | **À savoir** À 10 mètres environ du quai de débarquement au nord de l'île du Planier, vous pouvez plonger sur les 70 mètres de long de l'épave du *Dalton*, un cargo anglais de 1877, à partir de 15 mètres de profondeur.

83 La pinède secrète du Vallon vert

Marquée au fer… rouge

Cette balade méconnue prend sa source dans le quartier marseillais de la Croix-Rouge, à la frontière avec le village d'Allauch. Au XVIIe siècle, ce domaine ne s'appelait encore que La Croix. Avant la Révolution, un octroi, un bureau de déclaration des marchandises fut ouvert ici afin de taxer les produits transitant entre les deux communes. Un petit futé y installe alors une buvette, offrant aux marchands et producteurs une petite pause en attendant le verdict du contrôle. En 1793, le poste de douane déménagea un peu plus loin, mais la petite auberge resta et la grande croix rouge peinte sur sa façade donna son nom à ce quartier. Aujourd'hui, l'octroi a disparu et c'est à pied que l'on peut filer librement vers Allauch en partant d'un lieu improbable.

Au fond du parking d'un magasin Weldom, à proximité des conteneurs à déchets, se trouve le début, certes pas très ragoûtant, d'un sentier discret s'enfonçant dans une très belle pinède « transfrontalière ». On commence alors l'ascension d'une colline du quartier de la Pounche, « piquer les bêtes pour monter une côte » en provençal. Les élevages qui bénéficiaient de l'irrigation des terres par le Jarret et le canal de Marseille ont été remplacés par les chevaux du centre équestre de Loubresse, propriétaire des terrains. En suivant les traces de sabots, plus nombreuses que les empreintes humaines, on découvre les 13 hectares d'une étonnante oasis de verdure, privée mais ouverte au public de connaisseurs jusqu'à la limite des enclos des équidés. Au XVIe siècle, ce domaine, alors nommé Vallon d'Albert, était la propriété de la famille Vias. Près des écuries, on découvre une campagne provençale traditionnelle, réaménagée au XIXe siècle et affublée du nom Vallombert dotée d'une bastide très bien conservée et inscrite aux monuments historiques qui possèderait encore ses papiers peints d'origine. À pied ou à cheval, on peut traverser ce domaine au milieu d'oliveraies, de pins et de restanques.

Adresse Départ sur le parking du Weldom Marseille Croix-Rouge, chemin du Vallon-Vert, 13013 Marseille | Transports en commun Bus 2/142/143/144/145, arrêt La-Croix-Rouge-Église, puis 10 minutes à pied | Horaires d'ouverture Partie ouverte du domaine accessible 24h/24. Les écuries de Loubresse sont accessibles au 495 avenue du Vallon-Vert à Allauch. Possibilité de louer un poney et de se balader librement sur la propriété | À savoir La fameuse croix rouge était encore visible jusqu'en 1913. Elle a été remplacée par un crucifix sur le mur de la brasserie-tabac du 36 Grand-Rue.

84 La plage privée du fort Degaby

Le théâtre pour les muses des mers

C'est certainement la plage la plus select et la plus intime de Marseille. Les contraintes de la loi littoral ? Ici, on en fait fi ! Car nous sommes bel et bien sur une petite île privée, la seule de Marseille, nichée dans l'archipel d'Endoume à 200 mètres des simples terriens. Cet écrin accueille notamment les clients estivaux et privilégiés de l'hôtel C2. Pour bénéficier de ce moment exclusif, vous devrez passer par la case package C2 Beach, à partir de 530 euros. Il inclut une nuit en chambre double supérieure, une traversée de 12 minutes en zodiac, un service de majordome, le prêt de matériel nautique, un soin spa et un déjeuner sur place. Seules six personnes à la fois peuvent lézarder entre 10 h à 16 h sur les 3500 mètres carrés de ce petit bout de Marseille.

Avant de devenir un temple du farniente, ce lieu a eu de nombreuses vies. Au XVIe siècle, l'île protégeait la ville sur le flanc sud. Puis Louis XIV décida de renforcer les défenses de la baie et d'y faire bâtir en 1703 un fortin Vauban, baptisé de Tourville en hommage à un amiral, accolé à une poudrière toujours visible. En 1861, le repère prit l'allure qu'on lui connaît aujourd'hui. Puis la Belle Époque et la richesse générée par les colonies ont transformé en 1914 ce simple rocher en « île aux fêtes », cadeau du fortuné marseillais André Lavai, patron des Caisseries du Prado, à sa promise, la célèbre artiste de music-hall Liane Degaby, connue pour avoir posé en maillot collant pour la réalisation d'une statue patriotique d'Alfred Boucher ! Ce qui fut le rendez-vous de tout le gotha a périclité avec la Première Guerre mondiale. L'endroit fut vandalisé et pillé, la fin d'un doux rêve. « L'île sera mon tombeau », lança finalement Liane Degaby. Une croix fut érigée, mais la présence ou non d'un caveau reste un mystère.

Puis un homme d'affaires voulut y installer un complexe hôtelier avec dancing et casino, allant jusqu'à imaginer de relier l'île à la terre par un téléphérique ou un tunnel ! Racheté en 2001, ce refuge intemporel retrouve aujourd'hui sa vocation festive et luxueuse.

Adresse Hôtel C2, 48 rue Roux-de-Brignoles, 13006 Marseille, tél. 04 95 05 13 13, c2-hotel.com | Transports en commun Sur réservation via l'hôtel C2, forfait de juin à septembre (octobre selon la météo), ou privatisation sur evenementiel-ile-degaby.com. Des événements et soirées spéciales sont parfois ouverts au public sur réservation | À savoir Pour créer votre propre histoire, l'île vierge et voisine de Daume est accessible par beau temps en paddle et pour les bons nageurs depuis la pointe Cadière. Elle abrite une micro-calanque côté continent.

85 Les plaques repères de nivellement

Proche du niveau zéro ?

Elles sont là, omniprésentes, à la vue de tous, sans qu'on les remarque… Les Marseillais auraient-ils trop la tête dans les nuages ou les yeux rivés sur leur téléphone portable pour leur jeter ne serait-ce qu'un regard ? Ou peut-être n'ont-ils même pas conscience de leur existence ? Elles sont discrètes certes, souvent cachées, usées par le temps, repeintes maintes fois, mais elles seraient tout de même plus de deux cents, semées sur les murs aux quatre coins de la ville. Baissez-vous un peu… Tenez, en voilà une, à l'angle des rues de la Bibliothèque et des Trois-Mages, une autre au croisement des rues Fongate et Dieudé, et même une sur la façade du palais de la Bourse.

On ne parle pas ici d'étranges créatures mais de plaques de repère de nivellement numérotées, en fonte ou en bronze, épinglées ici et là au XIXe siècle. Souvent basiques, parfois ornementées, certaines possèdent sur leur sommet une surface plane afin d'y poser une mire. Mais à quoi servaient ces curiosités du paysage urbain ? Et bien à indiquer l'altitude précise d'un lieu par rapport au niveau zéro déterminé par le marégraphe de Marseille, situé sur la corniche Kennedy. Ce système de mesure fait partie du nivellement général de la France ou NGF, un réseau de 450 000 repères altimétriques disséminés sur tout le territoire dont l'IGN a aujourd'hui la charge. Le marégraphe de Marseille, installé en 1883, donne encore aujourd'hui le niveau zéro de référence pour toute la France métropolitaine grâce à un appareil unique au monde. Et à part quelques interruptions pour maintenance, les relevés de ce bâtiment historique constituent à ce jour une des plus longues séquences d'observation du niveau de la mer dans le monde.

Aujourd'hui, 30 % de ces plaques de nivellement auraient disparu, mais une poignée de Marseillais passionnés se sont lancés dans un jeu de piste afin de toutes les retrouver et les immortaliser en photo pour ne pas les voir disparaître de la mémoire collective.

Adresse Une plaque parmi d'autres, la no 53, entièrement graffée, à l'angle de la rue de la Bibliothèque et de la rue des Trois-Mages, affichant lors de sa création 40,86 mètres d'altitude | Transports en commun Métro M2, arrêt Noailles ; Bus 81, arrêt Lieutaud | À savoir Pour rester dans la thématique des points de repère, depuis 1927 se trouve à l'angle de la Canebière et du cours Belsunce le kilomètre zéro de Marseille. Ce point sert de référence pour le calcul de la distance depuis Marseille et la numérotation des immeubles.

86 La Platine

Une imprimerie de caractère

« Des fois, je me demande si laisser mourir une imprimerie, ce ne serait pas un peu comme cautionner un autodafé. » Ce plaidoyer coule comme de l'encre dans les veines de la résistante Odile Coulange. Cette fille d'imprimeur dirige depuis 2000 un fleuron de l'artisanat marseillais, un lieu à part, méconnu et terriblement attachant, fondé ici en 1920 dans d'anciennes écuries. C'est elle qui a choisi ce nom, La Platine, quand elle a racheté la boutique, en référence à une presse inventée en 1857.

On est d'abord attiré par la grille relookée par l'artiste franco-espagnol Bebar, puis par le son puissant des somptueuses machines à imprimer Heidelberg, construites avec des restes de chars allemands de la Seconde Guerre mondiale. Car on est ici dans l'une des dernières imprimeries à l'ancienne de France, où la seule concession au numérique est un site internet ! Et cette impressionnante mécanique, parfois capricieuse, ils sont peu à savoir encore la dompter. Erick en fait partie : « Venir ici chaque matin, travailler sur ces machines, c'est un bonheur », confie-t-il, tout en exprimant la crainte d'un maître n'ayant pas encore trouvé le disciple qui lui succédera. Dans cet atelier patiné par le temps, s'étirant tout en longueur, on façonne, on perfore, on découpe, on plie, on broche, on maîtrise toute la chaîne graphique de A à Z afin de réaliser des impressions d'une qualité exceptionnelle. Une expertise récompensée par le prix du plus beau livre français en 2008 et 2009, avec notamment un bluffant livre en 3D signé Dave 2000.

Si l'imprimerie est labellisée Artisans d'art, elle n'en reste pas moins à la pointe de l'expérimentation. Avec ses prédécesseurs, Odile a fondé l'association L'Imprimerie dont la quête est de conserver et transmettre le patrimoine vivant et le savoir-faire industriel et artisanal de l'imprimerie traditionnelle. La Platine imprime et expose les œuvres surprenantes de créatifs contemporains, comme celles signées par Le Dernier Cri. Sous les lampes UV, lumières éteintes, le procédé exclusif quadrifluox explose les couleurs de teintes fluos. Un « whaou effect » qui sonne comme une revanche des machines sur un monde numérisé.

Adresse 64 rue Jean-de-Bernardy, 13001 Marseille, tél. 04 91 62 30 37, www.laplatine.com | **Transports en commun** Tram T2, arrêt National ou Longchamp | **Horaires d'ouverture** La Platine organise régulièrement des ateliers autour de l'imprimerie traditionnelle mais aussi des visites à destination des écoles et des groupes touristiques. Ouvert du lundi au vendredi de 10 h à 19 h et lors de vernissages et soirées événementielles | **À savoir** Au n° 46 se cache l'hôtel Marigier, une somptueuse demeure de 18 pièces avec piscine. Il s'agit de l'une des rares maisons de style Art nouveau à Marseille, construite en 1902 par Charles Héraud. Le lieu a été transformé en colocation de luxe (chambres à louer sur livecolonies.com/marseille).

87 Ponton Phocée

Le cœur secret de Quasimodo

C'est à la fois une plateforme, un atelier, un radeau, un radier, une timonerie, une cuisine, un navire… Peu le savent, mais ce bateau-ponton amarré au pied du fort Saint-Jean est tout simplement unique en France. C'est l'un des éléments les plus remarquables du patrimoine maritime marseillais avec ses 40 mètres de long, ses 16 mètres de large et son poids de 700 tonnes. Si en flânant sur les quais on le regarde à peine, c'est que son génie se cache en son cœur. En charge de son relooking en 2016, le célèbre architecte du Mucem, Rudy Ricciotti, l'évoque en ces termes, avec sa verve habituelle et beaucoup de poésie : « Cet ouvrage flottant complexe et mystérieux porte le sourire tendre de Quasimodo. On le croit laid quand il n'est que transcendance de la générosité. »

Imaginé par deux pilotes du port de Marseille, Léon Bétous et Georges Pastinelli, le Phocée fut le tout dernier ouvrage réalisé par les Chantiers de Provence à Port-de-Bouc en 1965. Il est entré en service deux ans plus tard sur cette partie du quai occupée depuis 1825 par les pilotes marseillais. Mais qu'a-t-elle de si spécial, cette barge ? En fait, son ingéniosité réside dans sa double fonction, à la fois véritable chantier naval flottant et base opérationnelle 24h/24 pour les navires des pilotes qui prennent la place des capitaines lors des délicates manœuvres d'entrée dans les ports de Marseille et de Fos-sur-Mer. On est ici dans une véritable démarche de circuit-court, « de producteur-utilisateur » ! Les pilotes marseillais sont ainsi les seuls en France à construire leurs propres navires : une cinquantaine de bateaux-pilotes, ou pilotines, a vu le jour ici.

Les travaux de modernisation chapeautés en 2016 par Rudy Ricciotti ont donné au Ponton Phocée un coup de fraîcheur et une touche plus marine, avec notamment ses bandes de couleurs rouges et sa cheminée de bateau tricolore floquée d'une ancre. Si vous apercevez sur un mat le pavillon « G » pour Golf, bleu et jaune, c'est qu'on a besoin d'un pilote ; si au contraire il prend les couleurs du « H » pour Hotel, rouge et blanc, c'est qu'un membre d'équipage est déjà à bord. Ou peut-être est-ce juste Esmeralda visitant son bossu…

Adresse Quai du Port, au pied du fort Saint-Jean, 13002 Marseille | Transports en commun Bus 60/82/82s/83/582, arrêt Capitainerie ; Métro M1, arrêt Vieux-Port puis 10 minutes à pied | Horaires d'ouverture Ne se contemple que de l'extérieur et notamment en quittant le Vieux-Port en bateau, on peut alors observer furtivement le chantier naval qui s'y cache. Mais si vous voyez un pilote tentez votre chance ! | À savoir Pour observer le va-et-vient des pilotes, vous pouvez vous lover de juin à septembre sur la superbe goélette voisine, le Noctilio 1930, un bar « effet mer », installé à quai pour un verre et des tapas sur l'un des plus beaux spots du centre-ville (noctilio.fr).

88_Les puces de Fifi Turin

La résistance du vintage

« Fifi Turin » : derrière ce joli sobriquet, on pourrait s'imaginer les récits d'une danseuse de cabaret, mais on découvre plutôt l'histoire d'une femme très engagée.

Joséphine Callini est née en 1913 dans le quartier de la Capelette. Ouvrière dans la soie dès l'âge de 13 ans au sein des Filatures et tissages de Marseille, elle œuvrait au no 21 du boulevard des Vignes, qui porte désormais son nom. C'est que cette Marseillaise avait du caractère, du courage et un vrai talent d'oratrice. Militante pour la solidarité ouvrière, contre le fascisme et la guerre, sa détermination signa son arrestation par la police de Vichy en 1940 avant qu'elle ne s'évade et rejoigne la Résistance comme agent de liaison. Joséphine la clandestine, devenue Fifi, fut arrêtée par la Gestapo, fusillée le 5 août 1944 et enterrée avec les honneurs (communistes) au cimetière Saint-Pierre tout proche.

Aujourd'hui, son artère abrite une autre forme de résistants. Un village d'irréductibles militants de l'objet patiné, du temps long et d'un autre mode de consommation. On ressent ici une même passion (vorace) de la chine, une fraternité dans les mots, les regards. Certains y sont établis depuis des générations, spécialisés dans le flamboyant, entre lustres et meubles d'apparat multicentenaires. Et puis il y a les « nouveaux », un collectif de 9 marchands spécialistes du XXe siècle, de la déco, du vintage, arrivés en 2017 après des années passées aux bouillonnantes puces des Arnavaux. Chaque espace reflète des personnalités bien marquées. Des cabinets de curiosités foisonnant de couleurs jouxtent ainsi la sobriété du design scandinave.

Mais ici, antiquité ne rime pas avec figé. Les puces sont un lieu de vie et de partage entourant une grande cour ensoleillée dotée du restaurant-café Mademoiselle Fifi (clin d'œil au roman de Guy de Maupassant). Une mère et ses filles y proposent leurs spécialités bistronomiques et des brunchs bondés chaque 1er dimanche du mois. Nul doute que Fifi aurait aimé sa rue et ses puces, leur esprit de partage et leur ambiance si particulière.

Adresse 20 boulevard Fifi-Turin, 13010 Marseille, facebook.com/lespucesdefifi/ et mademoiselle-fifi-restaurant-marseille.com | **Transports en commun** Bus 18, arrêt Fifi-Turin | **Horaires d'ouverture** Les puces : du lundi au samedi de 9 h 30 à 12 h 30 et 14 h à 18 h, tous les 1ers dimanches du mois de 10 h à 17 h. Restaurant : du lundi au samedi de 9 h à 16 h et brunch le 1er dimanche du mois | **À savoir** À deux pas, l'étonnant hangar de Marseille Antiquités accueille depuis 2021 l'un des plus insolites clubs de jazz de la ville. On prend place au milieu des miroirs baroques, des lustres majestueux et des chaises Second Empire (cavernejazz.club).

89 La pyramide du Roy d'Espagne

L'enfant pharaon et le roi déchu

Cette étonnante pyramide de 6 mètres de haut en maçonnerie de pierres, tristement abandonnée dans une belle pinède, n'est plus vraiment un secret marseillais, mais son histoire et celle de son vaste domaine restent méconnues. C'est ici que Dominique Bastide, un riche négociant local, et sa femme Henriette Dusaulx ont décidé de se mettre au vert en 1805, construisant une belle demeure aux allures de château dans un écrin boisé idéal pour fonder une famille. En août 1806, ils célèbrent la naissance de leur fils Camille Georges. Mais leur retraite est stoppée nette par le décès de l'enfant à l'âge de deux ans et huit mois. Effondrés, les parents imaginèrent alors cet étrange tombeau afin d'y placer la dépouille, une pyramide semblant s'inspirer de la pyramide de Cestius, un monument funéraire de l'Antiquité situé à Rome. Mais le petit Camille Georges a finalement été inhumé trois fois avant de trouver le repos éternel ! Le couple décida rapidement de quitter le terrain maudit ; le corps de leur fils fut donc transféré au cimetière Saint-Charles puis à la fermeture de celui-ci, au cimetière Saint-Pierre.

Le superbe domaine de 170 hectares fut racheté en 1811 par celui qui le louait depuis le départ des Bastide : l'ex-roi d'Espagne Charles IV. Forcé à abdiquer en faveur de Joseph Bonaparte, le frère de l'empereur, il fut ensuite envoyé ici en exil. Il demeura trois ans sur le domaine, dont il éleva considérablement le standing, ajoutant boudoirs, salle de billard, galerie des Glaces, bassins à cascades, temple à colonnades et orangerie. Mais, craignant les menées de nationalistes espagnols, Napoléon transféra l'ex-roi au palais Barberini de Rome en 1812. Après la mort de Sa Majesté en 1819, le château passa des mains de son héritier à celles de très nombreux propriétaires, se transforma en camp pour soldats hindous pendant la guerre de 14-18 et disparut définitivement vers 1946. À partir de 1958 sont édifiées sur le vaste domaine les 10 iconiques tours marseillaises « du Roy d'Espagne ». Un nom de quartier et une pyramide, derniers vestiges de cette saga historique.

Adresse Pyramide visible dans un bosquet, à l'angle de l'allée Emmanuel-Chabrier et de l'allée Yvon-Morandat, 13008 Marseille | Transports en commun Bus 44, arrêt Musso-Roy-d'Espagne, puis 10 minutes à pied | Horaires d'ouverture La pyramide et une grande partie de la pinède du Roy d'Espagne sont librement accessibles | À savoir La pyramide jouxte un petit sentier, très agréable et ombragé, le long du canal de Marseille. Il permet dans un sens de rejoindre la ferme pédagogique du Roy d'Espagne (voir chap. 48) et de l'autre le parc de la Jarre (voir chap. 81).

90_Les repose-cercueils des Accates

Derniers efforts avant l'ultime repos

C'est un lieu tellement confidentiel qu'il n'apparaît même pas sur certaines cartes ! Seuls quelques riverains viennent fouler son parcours pentu s'enfonçant dans la garrigue. Ce chemin pédestre démarre à quelques encablures d'une place très pittoresque, au cœur du quartier des Accates, au pied de l'église Saint-Christophe, une des rares de la ville à dater du XVIIIe siècle. En 1736, les habitants adressèrent une requête à monseigneur de Belsunce afin de lui en demander l'édification, lassés de s'entasser dans la petite chapelle privée mise à disposition par le sieur Foresta-Collongue. Jusqu'aux années 20, on rassemblait ici les chevaux et les mulets du village à la Saint-Eloi afin de les faire bénir. Au XXe siècle, une tradition similaire aujourd'hui oubliée est apparue : la bénédiction annuelle des voitures le 25 juillet, jour de la Saint-Christophe, le protecteur des voyageurs.

La traverse des Fenêtres-Rouges nous mène ensuite sur les hauteurs des Accates à travers un charmant petit hameau de maisonnettes. Là, il faut bifurquer à gauche pour atteindre ce fameux sentier très discret accessible uniquement à pied. On grimpe et, petit à petit, un splendide paysage se dessine sur les collines de l'est de Marseille. On perçoit juste le chant d'un coq, le claquement des balles du Tennis Park de Marseille, les rires d'enfants d'une cour d'école, puis on est interloqué par de drôles de bancs, au nombre de trois, situés tout le long du chemin menant à notre destination finale, le très atypique petit cimetière des Accates. On comprend alors que ce parcours, unique à Marseille, est en fait jalonné de repose-cercueils destinés à offrir une pause bien méritée aux pauvres porteurs funéraires qui devaient en permanence redouter l'annonce d'un décès lié à ce cimetière ! Mais on a toujours bien vécu dans ce quartier verdoyant où l'on a cultivé pendant longtemps la noix et la vigne. D'ailleurs, pendant la peste de 1720, on venait même se réfugier ici. L'épidémie emporta 50 000 des 90 000 Marseillais et fit seulement 48 victimes aux Accates !

Adresse Se garer autour de la place Saint-Christophe, puis prendre une partie de la traverse des Fenêtres-Rouges ou de la place Jeanne-d'Arc et bifurquer vers le chemin du Cimetière, 13011 Marseille | **Transports en commun** Bus 12/12A/12B/12S, arrêt Les-Accates, puis 20 minutes à pied | **Horaires d'ouverture** Cimetière de 7 h 30 à 18 h de mars à octobre et jusqu'à 17 h 30 de novembre à février | **À savoir** Derrière le cimetière se cache une jolie pinède qui vous permet de rejoindre le chemin du canal au val et le chemin de la Salette jusqu'à la forêt du même nom.

91_Le République

Liberté, égalité, fraternité… et parties de pétanque !

Napoléon III avait-il vu trop grand ? Baptisée « rue Impériale » jusqu'à la chute de l'empereur en 1870, l'actuelle rue de la République a été construite pour relier le Vieux-Port au nouveau port de marchandises de la Joliette. Creusée en 24 mois – un délai record ! – et inaugurée en 1864, cette voie a nécessité la destruction d'une colline, de 935 maisons et de 61 rues !

Après cette période de chaos s'est ouvert en 1867 dans cette artère flambant neuve la Taverne du Rhin, une adresse réputée pour sa bière et ses gracieuses serveuses germaniques. On y accueillait entrepreneurs et marins, anglais comme allemands. Par la suite s'est installé le Café Parisien, dont le slogan est toujours inscrit sur la façade : « Le plus petit des grands cafés, inclassable depuis 1901 ». Dans l'établissement fut construit un terrain de pétanque souterrain en hommage à Antoine Dary, un joueur émérite et grand-père du propriétaire. Ainsi, en haut, le lieu accueillait les joueurs de billard, et en bas, les boulistes ! En 2002, l'endroit fut complètement rénové pour devenir un restaurant asiatique – un Bouddha géant et un jardin zen trônaient sur le terrain de boule !

Finalement, en 2022, le bâtiment a vu s'installer Le République, un charmant restaurant d'insertion mené par l'association La Petite Lili et soutenu par Rudy Ricciotti, le papa du Mucem, et d'autres collègues architectes. Ici, on accueille une clientèle traditionnelle qui paye ses repas au tarif classique, et des bénéficiaires sélectionnés par des associations partenaires, auxquels sont proposés des repas pour 1 euro symbolique.

La carte d'inspiration méditerranéenne du République a été conçue en collaboration avec des chefs de renom, dont les restaurateurs étoilés Gérald Passedat, Alexandre Mazzia ou encore Michel Portos, accompagnés par des serveurs expérimentés et bienveillants. Et fin 2022, le fameux boulodrome a été superbement restauré afin de rendre une part de son histoire à cet établissement insolite et solidaire.

Adresse 1 place Sadi-Carnot, 13002 Marseille, restaurantlerepublique.com | **Transports en commun** Tramway T2, arrêt Sadi-Carnot | **Horaires d'ouverture** Du mardi au samedi de 12 h à 14 h 30 et le vendredi et le samedi de 19 h à 20 h | **À savoir** Au n° 45 rue de la République, vous pouvez découvrir La Sélection de la décoratrice d'intérieur Sophie Ferjani, connue pour ses émissions télé au côté du trublion Stéphane Plaza. Marseillaise depuis 2018, elle est souvent présente dans sa boutique et son atelier d'architecture intérieure au n° 43.

92 Le rocher de l'aire de la Moure

Alerte rouge !

Aux portes de Marseille, côté nord-est, une très belle escapade pédestre nous emmène au pied d'un étonnant domaine. Il se situe à une altitude de 537 mètres au pied de la montagne Baù Trauqua, le rocher troué. L'aire de la Moure a de faux airs d'Ayers Rock, l'imposant monolithe sacré des aborigènes australiens… mais ici, dans le massif de L'Étoile ceinturant l'agglomération marseillaise, sa couleur rouge et son environnement vert flashy n'ont rien de naturel ou même de surnaturel !

L'immense rocher de la Moure – « le museau » en provençal, avec ici le sens de « monticule arrondi » – est en fait une cible géante d'entraînement pour les Canadairs de la sécurité civile basés à Marignane. Cette zone est bombardée périodiquement d'eau salée et de retardant rouge. Une influence marquante de l'humain qui a pour conséquence la modification permanente de ce site naturel mais également de sa flore et de sa faune. Les fameux retardateurs réduisent l'inflammabilité, soit en bloquant physiquement le feu, soit en déclenchant une réaction chimique permettant de le stopper. Son procédé permet ainsi d'augmenter la température de destruction de la végétation de 300 à 700 degrés. Quant au colorant naturel rouge à base d'oxyde de fer, il permet de rendre visible la trace du largage, une astuce afin de ne pas laisser de trous dans lequel l'incendie pourrait s'engouffrer.

La base de Marignane ne compte plus qu'une poignée de Canadairs depuis 2017, une grande partie de la flotte ayant migré à Nîmes. Mais ces engins impressionnants peuvent larguer ici jusqu'à 6 tonnes d'eau à la vitesse de 300 km/h pour combattre les incendies et ce à n'importe quel moment de la journée. Inutile donc de préciser qu'il est absolument interdit de s'aventurer sur le rocher rouge tentateur. Cependant, des sentiers permettent d'observer, à bonne distance, le ballet hypnotique des Canadairs remodelant à chaque passage ce paysage irréel.

Adresse 13105 Saint-Savournin | Transports en commun Bus 142/145 jusqu'au village d'Allauch, arrêt Le-Mas-des-Oliviers, puis comptez 1 h 10 de randonnée à pied. Départ par le chemin de la forêt puis prenez les sentiers de droite | À savoir À une heure de marche, en direction de Mimet, se trouvent les vestiges de l'oppidum de la Tête de l'Ost. Ces remparts renfermaient peut-être un domaine Salyens, une fédération celto-ligure.

93_Le rooftop de l'hôtel Hermès

Il suffit parfois de deux étoiles pour atteindre l'Olympe

Sur le Vieux-Port de Marseille, un peu en retrait, se cache un hôtel 2 étoiles, discret et sans artifice. Seul son nom en impose, gravé en lettres bleues : Hermès. Dans la mythologie grecque – celle des premiers habitants de Marseille –, Hermès était, entre autres, le dieu des voyageurs, mais aussi celui des voleurs et était chargé de conduire les âmes aux Enfers. Dans ce petit hôtel entièrement rénové en 2012, c'est plutôt sur l'Olympe que vous serez emmené, et à un prix des plus raisonnables.Le dernier étage cache un trésor, un des plus beaux toits-terrasses de la cité phocéenne qui donne l'impression d'un tête-à-tête avec la Bonne Mère. Cette vigie exceptionnelle sur l'entrée du Vieux-Port est pourtant méconnue, un choix délibéré de la direction : elle est réservée en priorité à sa clientèle. Elle peut apporter son petit-déjeuner le matin, ou y trinquer en soirée autour d'un cocktail. Cette cité des dieux, perchée dans les nuages, s'ouvre aussi aux mortels de passage, tant que le confort des maîtres des lieux n'en est pas perturbé. Ici, on peut siroter non pas une ambroisie – nectar préféré de Zeus et ses acolytes – mais une bière panoramique ou un mojito tout en dégustant des fritures de Joels ou un duo de tapenade à des tarifs 2 étoiles pour une vue de palace.

Ce rooftop n'est pas encore le sommet de l'immeuble : un petit escalier extérieur emmène les amoureux vers la plus belle chambre de l'hôtel, la nuptiale, permettant de tutoyer les astres avec son grand balcon. Pour arriver ici, vous passerez d'abord, depuis la réception, par des escaliers et un ascenseur donné en carte blanche à l'artiste Joan Ceccaldi. Vous y retrouverez ses créations célèbres pour leur réinterprétation d'icônes locales et de noms de quartier, comme *I feel Goudes* ou encore *Mademoiselle vous avez l'éclat de la Rose*. Certaines sont disponibles à la vente sous la marque Oaï of Life. Elles apportent ici une touche déco contemporaine et marseillaise à cet humble hôtel de charme et à sa petite pépite.

Adresse 2 rue Bonneterie, 13002 Marseille, tél. 04 96 11 63 63, hotelmarseille.com | **Transports en commun** Métro M1, arrêt Vieux-Port ; Bus 49/55, arrêt Bonneterie | **Horaires d'ouverture** Terrasse accessible aux clients 24h/24, bar ouvert d'avril à septembre, du mardi au samedi de 18 h à 23 h. Selon l'affluence, la direction peut limiter l'accès aux visiteurs extérieurs | **À savoir** Sur la façade de l'hôtel Hermès est scellée une plaque datant de la fin du XVIIIe siècle qui reprend le titre premier du décret sur la police intérieure des communes de la République du 2 octobre 1795.

94_Les ruines du théâtre Athéna Niké

Une histoire de tragédies

Difficile d'imaginer ici Sarah Bernhardt lançant ses talentueuses tirades devant l'élite marseillaise, dont Émile Loubet, le président de la République de l'époque. Au milieu de ces quatre colonnes surmontées d'un chapiteau ionique, qui s'est tristement écroulé en 2022, de nombreuses tragédies étaient jouées par les comédiens les plus fameux de l'époque. L'état actuel du théâtre, abandonné par les pouvoirs publics malgré son label Patrimoine du XXe siècle, est lui aussi dramatique.

Autrefois, il n'y avait ici que des terres agricoles. Sous le Premier Empire, on y trouvait la Bastide des Lauriers, une vaste propriété rachetée en 1906 par Paul Barlatier. Deux ans plus tard, il y fit construire ce théâtre, fidèle reproduction du temple de la déesse Athéna Niké situé sur l'Acropole d'Athènes. Poète, propriétaire du journal *Le Sémaphore* et fondateur de l'Automobile club de Provence, il nourrissait de grands projets pour cette scène en plein air. Son ambition ? Concurrencer le théâtre antique d'Orange !

Le bâtiment en béton armé a été conçu par l'architecte Jean Boët dans le style néo-antique, très en vogue à cette période. Il nichait dans un poumon de verdure et bénéficiait d'une acoustique exceptionnelle, sublimant des opéras tels qu'*Iphigénie en Tauride* ou *Orphée* de Gluck. 1 300 spectateurs pouvaient y admirer les sociétaires de la Comédie-Française tels Albert Lambert, Mounet-Sully, ou encore Madame Segond-Webber. Mais la Première Guerre mondiale eut raison de ce temple dédié à la culture. Il tomba alors dans l'oubli, absorbé par la végétation.

Ce n'est qu'en 1974 que le lieu fut redécouvert et sauvé de la destruction et de l'appétit de promoteurs par l'association ASSENEMCE, devenue Colinéo. Aujourd'hui, le beau parc contemporain de 14 hectares qui l'entoure porte son nom, mais le théâtre lui se meurt, protégé par une grille poreuse et symbolique, attendant une résurrection depuis plus d'un siècle.

Adresse Entrée du parc Athéna, rue Niels-Bohr ou chemin des Lamberts, 13013 Marseille | **Transports en commun** Bus 11, arrêt Collège-Malraux | **Horaires d'ouverture** Parc ouvert 24h/24 | **À savoir** Tout à côté du théâtre Athéna, qui a d'ailleurs servi de décor, se sont ouverts en octobre 1916 les studios de prises de vues cinématographiques Phocéa. Créés par Paul Barlatier, ils acquirent une renommée nationale qui dura jusqu'à l'avènement du cinéma parlant en 1930. Il ne reste aujourd'hui plus aucune trace de ces locaux, si ce n'est peut-être sur de vieilles pellicules centenaires.

95 La sépulture d'Antonin Lains

Le dernier baiser

Dans l'esprit du Père-Lachaise à Paris ou encore du Staglieno de Gènes, le remarquable cimetière Saint-Pierre est à la fois lieu de mémoire, d'histoire et d'art. Un véritable musée de verdure de 63 hectares, accueillant depuis 1855 les sépultures transférées du cimetière Saint-Charles, devenu trop vétuste. On doit la scénarisation de la troisième nécropole de France – après celles de Pantin et de Thiais – à l'architecte Sixte Rey, qui a également travaillé sur le remarquable château Régis ainsi que sur l'Alcazar et le palais de Cristal, d'anciennes salles de spectacles aujourd'hui disparues.

En déambulant au hasard de ses carrés ou au cœur de sa pinède, on découvre des épitaphes émouvantes sur des tombes classiques ou baroques, tout en humilité ou à l'inverse, en démesure. Certaines ont été réalisées par les plus grands sculpteurs de la Belle Époque : Aldebert, Allar, Betti, Botinelly, Buselli, Carli, ou encore Constant Roux. Ces grandes signatures accompagnent souvent les sépultures de célébrités locales ou de personnalités ayant terminé leur voyage dans la cité phocéenne, comme Edmond Rostand, Vincent Scotto, Antonin Artaud, Gaston Defferre, Gaby Deslys ou le réalisateur Henri Verneuil.

Dans ce dédale de 100 000 sépultures, l'une d'elles a figé peut-être plus qu'aucune autre la tristesse de la disparition, celle d'un époux ayant perdu l'amour de sa vie. Le dernier baiser est une création monumentale et poignante du sculpteur Buselli sur le tombeau de la famille Lains. Le mari enlace une dernière fois sa femme allongée sur son lit de mort aux draps plissés. Sa main délicatement posée derrière sa nuque, il l'embrasse tendrement pour l'éternité. Au-dessus du couple se dresse une statue représentant l'âme de la défunte accueillie au paradis, une création d'Henri Reybaud – à qui l'on doit notamment six groupes en bronze de l'escalier monumental de la gare Saint-Charles.

Adresse Allée no 5, pinède du carré 5, cimetière Saint-Pierre, 380 rue Saint-Pierre, 13005 Marseille, tél. 04 91 14 67 00 | Transports en commun Tram T1, arrêt Saint-Pierre ; Bus 12/12b/12s/40/540, arrêt Saint-Pierre – Petite-Porte | Horaires d'ouverture De mai à août : tous les jours de 7 h 30 à 18 h 30 ; en septembre-octobre et en mars-avril : de 7 h 30 à 18 h ; de novembre à février : de 7 h 30 à 17 h 30 | À savoir En bordure du carré 8, au croisement de la Grande Allée et de l'allée des Vernis du Japon, se trouve une monumentale sépulture de style mauresque. Elle est l'œuvre du célèbre architecte du Palais de la Bourse Pascal-Xavier Coste et son édification a commencé 11 ans avant le décès de son occupant, un riche négociant du XIXe siècle.

96 La serre tropicale des Noilly-Prat

Après l'hiver viendra le printemps ?

L'histoire de cette serre est aussi tumultueuse que celles des Jardins botaniques marseillais. Le premier Jardin botanique de Marseille fut créé au XVe siècle à l'initiative de René d'Anjou, localement connu comme le « Roy René ». Il se trouvait près de l'abbaye Saint-Victor et disparut dans le développement du Vieux-Port. En 1802, un deuxième parc est imaginé aux Chartreux, mais son emplacement sur l'axe de la voie ferrée Marseille-Toulon signe sa disparition en 1856. Ce n'est qu'en 1880 qu'un troisième jardin voit le jour, là où se situe à présent la roseraie du parc Borely. En effet, l'endroit est vite jugé trop exigu et le jardin à nouveau déplacé vers un terrain voisin. Inauguré en 1918, il n'a plus été déplacé depuis – en tout cas, pour l'instant.

Il s'étend sur 12 000 mètres carrés et regroupe plus de 3 500 espèces végétales différentes : succulentes, plantes d'Afrique du Sud, jardin méditerranéen, japonais, chinois… Tout ici est soigné, en harmonie, à un détail près ! Dès l'entrée on aperçoit une serre en bien triste état, cernée par des grilles, fermée pour raison de sécurité depuis 2004 ! On est ici face à l'ancien jardin d'hiver de 1870 des Noilly-Prat. La famille est célèbre pour son vermouth, dont la production fut hébergée entre 1843 et 1989 à Marseille. Cette cathédrale de verre et de métal de style Eiffel accueillait leurs grandes réceptions dans le château de Montcalm, près de Vauvert, en Camargue.

C'est en 1982 que l'influent Gaston Deferre achète et « spolie » ce patrimoine gardois – non sans polémique – pour le ramener en terres marseillaises et y inaugurer deux ans plus tard une grande exposition sur les orchidées. Mais il n'a fallu que 20 ans à peine pour que ce remarquable pavillon ferme ses portes et soit sauvé de justesse d'un plan de destruction de la mairie. La nouvelle municipalité de Marseille a évoqué sa réhabilitation en 2023, accompagnée par la création d'une serre pédagogique… mais même le gardien du Jardin botanique n'y croit plus !

Adresse Parc Borely, jardin botanique, 48 avenue Clot-Bey, 13008 Marseille | Transports en commun Bus 44, arrêt Lycée-Daumier ; Bus 19/83, arrêt Parc-Borely | Horaires d'ouverture Du mardi au dimanche de 10 h à 18 h | À savoir Juste à côté se trouve un autre patrimoine en péril : le Pavillon du Lac. Créé en 1863, il a fermé ses portes en 2006. Le bâtiment devrait retrouver une nouvelle vie en 2023 avec l'installation d'un restaurant en face à la statue *La fée du lac* de Lucy et Jorge Orta, immergée dans l'eau depuis 2013.

97 La source du Roucas blanc

Eau miraculeuse à 21 degrés toute l'année

Les clients de l'hôtel nhow Marseille, au bord de la Méditerranée, évoluent dans des espaces au design étonnant, épuré, ludique et résolument moderne, imaginés par les architectes Claire Fatosme, Christian Lefèvre et Teresa Sapey. Ils se doutent rarement qu'une véritable surprise géologique les attend au détour d'un couloir. Un des murs, tout en sobriété par rapport à son environnement contemporain, n'est autre qu'une immense paroi rocheuse naturelle, en contrebas de la corniche Kennedy, d'où coule à 5 000 litres par minute une source aux eaux chlorurées, sodiques et magnésiennes, excellentes pour la santé. Une partie de la source finit sa course dans un petit bassin tout en alimentant également la piscine extérieure de l'hôtel, naturellement et idéalement chauffée à 21 degrés toute l'année.

Reconnue d'utilité publique le 14 septembre 1852, cette étonnante source d'eau salée, dénommée « Fount Coudes », s'échappe ici depuis des siècles – on en fait déjà mention sur des cartes du Moyen Âge. Selon les rapports médicaux des spécialistes de l'époque, cette eau était dotée de surprenantes caractéristiques : de meilleure qualité que les autres eaux thermales européennes, sa consommation était vivement conseillée, et ses bienfaits, en bains, loués par tous.

Cette source d'eau chaude providentielle a donné naissance à un splendide établissement à la fin du XIXe siècle, le grand établissement thermal et bain de mer du Roucas blanc. Le site était composé de deux bassins, un réservé pour les baignades des hommes et l'autre pour les dames. Un bateau vapeur assurait directement les liaisons avec le Vieux-Port pour acheminer les clients qui pouvaient également bénéficier de concerts au bord de l'eau, joué par l'orchestre du centre thermal. De ce lieu, il ne reste aujourd'hui plus que les digues, formant l'enceinte de l'actuelle base nautique. La source a miraculeusement perduré malgré la construction de la route de la corniche de 1848 à 1863, son élargissement dans les années 60 et la construction de l'hôtel en 1976 ! Des projections vidéo viennent aujourd'hui animer sa paroi à la nuit tombée.

Adresse nhow Hôtel, 200 corniche Président-John-Fitzgerald-Kennedy, 13007 Marseille, www.nh-hotels.fr/hotel/nhow-marseille | Transports en commun Bus 83/583, arrêt Corniche-Talabot | Horaires d'ouverture Ouvert toute l'année. Le panoramique sky bar et l'étonnant tunnel bar ainsi que le restaurant méditerranéen et le spa sont ouverts au public extérieur, l'occasion d'aller zieuter la source | À savoir Testez les bienfaits de la source du Roucas blanc au sein de l'élégant spa eau de Marseille Phytomer avec ses bassins intérieurs et extérieurs.

98 Les stations-service de Jean Prouvé

Le plein de patrimoine, s'il vous plaît !

Beaucoup s'accordent à dire que Jean Prouvé est l'une des personnalités les plus marquantes du XXe siècle dans le monde du design, reconnu pour son pragmatisme, sa simplicité et l'efficacité de ses créations. Marseille expose d'ailleurs chaque été depuis 2016 certaines de ses fameuses et très cotées maisons tropicales au sein de la collection privée de la friche de l'Escalette, sur la route des Goudes.

Mais il existe deux lieux plus inattendus où l'on peut contempler des œuvres du célèbre designer français à tout moment de la journée, tout en joignant l'utile à sa soif de patrimoine : les stations essences de Saint-Loup et de Bon Secours. Ces pavillons en aluminium quasi cylindriques, bâtis sur deux niveaux, sont labellisés Patrimoine du XXe siècle ! Sur la centaine conçue au début des années 70, il en resterait une poignée en activité : deux ici, d'autres dans l'Essonne ou encore dans le Doubs. C'est le groupe Total qui a fait appel à Jean Prouvé à la fin des années 60 dans le cadre de son développement industrialisé de stations-service.

Mais pourquoi un tel engouement pour ces créations ? Le bâtiment est élaboré sur un plan centré à structure rayonnante en tôle galvanisée, reposant sur un fût central très ingénieux, qui sert à la fois d'axe à la grande roue de Prouvé et à cacher la chaudière et le passage des fluides. La façade se compose quant à elle de treize panneaux en polyester et verre. Autre originalité, certains de ces bâtiments modulables accueillaient le logement du pompiste à l'étage et pouvaient être déplacés.

Un de ces pavillons a trouvé preneur pour 202 000 euros en 2008 lors d'une vente aux enchères. Avec de moins en moins de stations-service à Marseille – celle des Catalans a, par exemple, disparu en 2019, remplacée par une résidence de standing –, les créations protégées de Prouvé pourraient devenir les derniers vestiges d'une époque marseillaise du tout-voiture.

Adresse 26 chemin de Sainte-Marthe, dans le 14e ou 171 boulevard de Saint-Loup, dans le 11^{e} | Transports en commun Pour une fois, il est conseillé de s'y rendre en voiture pour vivre pleinement l'expérience et s'amuser du regard interloqué du pompiste ne comprenant pas pourquoi vous prenez une photo de sa station ! | Horaires d'ouverture Stations Saint-Loup et Bon Secours ouvertes tous les jours de 6 h à 21 h | À savoir À deux pas de la station de Bon Secours, au 66 chemin de Sainte-Marthe, vous pourrez visiter l'usine de la Savonnerie du Fer à Cheval, fondée en 1856. C'est la plus ancienne de Marseille encore en activité, inscrite en 2019 au titre des monuments historiques de la ville.

99_ Target de Jean-Baptiste Sauvage

Réappropriation d'un No Man's Land

Pour beaucoup de Marseillais, le square à damier en friche, emprisonné par la route, jouxtant le bassin de carénage du Vieux-Port, était une énigme, mais aussi un symbole de l'aménagement urbain local souvent chaotique. C'est pour toutes ces raisons que l'artiste Jean-Baptiste Sauvage a installé ici en septembre 2020 une œuvre monumentale et permanente permettant de réapproprier l'espace atypique de cette zone à l'abandon en plein cœur du Marseille historique.

La peinture baptisée *Target* s'inscrivait dans l'événement Magiciens de la Ville, premier festival d'art urbain contemporain de Marseille. C'est une étonnante reprise à l'échelle exacte de la piste d'atterrissage des hélicoptères du circuit Paul-Ricard, situé à une heure de là. Une œuvre qui a suscité, comme souvent à Marseille, curiosité ou rejet total ! Les formes roses, blanches et noires, îlots en bordure de la piste caractéristique du Castellet, sont reprises ici, défonctionnalisées et présentées comme des peintures autonomes. À cet emplacement, comme un palimpseste, se trouvent toujours les traces du travail de Judith Bartolani et Claude Caillol. Le fameux damier est le vestige d'une œuvre pour l'exposition « Transports » de 1989 : on avait alors disposé sur ses cases des meubles gigantesques.

Sur cette petite place, on a pu aussi apercevoir furtivement une main géante signée Fouad Bouchoucha, mais aussi, de 2014 à 2020, une autre œuvre étonnante, compréhensible uniquement grâce à des images satellites ! D'ingénieux artistes anonymes ont utilisé la mosaïque afin de créer un banc de sardines géant en pixels de couleur bleue. Ce projet artistique surnommé Sard'invaders regroupait plus d'une dizaine d'œuvres ayant pour thème le célèbre poisson légendaire ayant bouché le Vieux-Port. Elles étaient malicieusement réparties dans toute la ville : en les plaçant sur une carte, on obtenait une série de points qui, une fois reliés, laissaient apparaître le dessin d'une sardine colossale recouvrant tout le centre de Marseille !

Adresse À l'angle quai de Rive-Neuve et quai Marcel-Pagnol, 13007 Marseille, jb-sauvage.com | Transports en commun Bus 82/82S/83/583 arrêt Fort-Saint-Nicolas | À savoir Les célèbres *invaders* de Franck Slama ont eux aussi envahi Marseille. En résidence dans la galerie du Mamo fin 2020, l'artiste a disséminé une centaine de ses extraterrestres dans toute la ville, qui devient ainsi la deuxième plus grosse colonie dans l'hexagone. Pour les débusquer, vous pouvez au besoin vous aider de l'application Flashinvaders.

100_Teavora

L'esprit dans une bulle, les pieds dans le sable

C'est une de ces adresses marseillaises incomparables et pourtant encore étonnamment confidentielles. Un cocon, intime, discret, à l'image de la belle personnalité de Patrick, son créateur, pourtant issu du milieu plutôt agité du heavy metal ! Il y a plus de 10 ans, il a décidé de se lancer dans un long voyage pas si zen – car ambitieux – afin de créer un univers à part à deux pas du palais Longchamp. Le résultat ? Une élégante et très surprenante cabane exotique, fruit d'une créativité débordante, inspirée par la récup' et le *home staging*. On ne découvre pas seulement un salon de thé restaurant, mais bel et bien l'antre de Patrick, comme à la maison. La preuve : on doit se déchausser en entrant afin de laisser s'enfoncer ses pieds avec délice dans les plus de 4 tonnes de sable fin qui tapissent les différents salons très *cosy*.

C'est peut-être un signe, mais cette capsule intemporelle abritait encore dans les années 50 le siège de S. Veveyan, un créateur d'articles et de malles de voyages, avant d'accueillir un temple dédié à l'évasion spirituelle. Aujourd'hui, Teavora nous transporte par sa décoration en Orient ou encore en Polynésie, région qui a inspiré son nom. Le thé est l'autre maître de la maison, avec une très belle sélection qui évoque Bangkok, le Tibet, le Japon ou l'Afghanistan, à déguster chaud ou glacé, sur place ou à emporter.

La carte est aussi multiple que le lieu : on peut déjeuner et dîner du fait maison, à l'occidentale sur des chaises et tables classiques, à l'orientale assis au sol sur des coussins, comme dans les îles, les pieds dans le sable, ou encore dans le patio à ciel ouvert pour profiter d'un petit écrin de nature, observé par des dizaines de masques tribaux. Et qui dit maison, dit lieu de vie et de partage.

En ouvrant le Teavora, Patrick a pu entretenir une partie de sa passion pour le milieu du spectacle en proposant des concerts et en créant son propre groupe. Il organise régulièrement des ateliers de lecture de contes, des massages Amma habillés, mais aussi des dégustations de bières et de vins locaux... Une petite révolution au temple du thé !

Adresse 65 boulevard Longchamp, 13001 Marseille, tél. 04 91 95 73 90, www.teavora.com | Transports en commun Métro M1, arrêt Réformés-Canebière ; Tram T2, arrêt National | Horaires d'ouverture Au gré des saisons et parfois des astres (n'hésitez pas à consulter le site internet) ! | À savoir Au 76 boulevard Lonchamp, on aperçoit des grilles en fer forgé en forme de marguerite. La société Gaumont avait installé ici en 1830 ses bureaux et son logo, une marguerite. Elle n'était pas la seule : on surnommait ce boulevard « l'allée du cinéma ».

101 Le théâtre de l'Œuvre

Îlot de culture dans une mer de textile

Dans les petites ruelles du quartier de Belsunce, l'Œuvre s'apparente à un îlot de culture et de partage voguant au milieu de centaines de commerces de gros de textiles. Ce théâtre pétri de charme cache une très belle salle à l'italienne, rouge et flamboyante, l'une des dernières de la ville, se nichant dans un étonnant immeuble de 3 étages récemment rénové. Au cœur d'un dédale fascinant de couloirs et d'escaliers, on y découvre des loges où coule la source du Lacydon, des ateliers d'ébénisterie, de couture, de mécanique et trois salles de répétition. Un étage est dédié aux décors et aux accessoires, une salle est consacrée aux tissus, une autre abrite 2 000 costumes et des archives incroyables sur le monde du théâtre et sur l'Œuvre ; ce lieu, c'est toute une histoire, difficile à résumer en un simple texte.

Créé en 1937 par l'association à vocation sociale et caritative La Paix, le théâtre est d'abord situé au 3 rue de Turenne et devient un lieu d'accueil pour des milliers de réfugiés pendant la Seconde Guerre mondiale, ce qui valut à son fondateur la croix de guerre et la médaille de la Résistance. Détruit par la création de l'A50, le théâtre reprit vie ici en 1965, dans une vieille remise des Nouvelles Galeries endommagée par l'incendie de 1938. L'Œuvre a rouvert en 2017 après une longue phase de travaux de mise en conformité commencée en 2012.

Parrainé par Matthieu Ricard, le célèbre moine bouddhiste interprète français du dalaï-lama, le théâtre propose spectacles, cours de langues, repas, scènes ouvertes et résidences d'artistes.

« Le théâtre qui ressemble à Marseille », ce slogan est l'ADN de l'Œuvre, toujours fidèle à ses valeurs premières : favoriser la rencontre et le partage grâce à des démarches participatives et citoyennes. Fédérateur de son quartier, ce centre culturel sort régulièrement de ses murs en réalisant des veillées de contes dans les espaces publics et privés de Belsunce et en recueillant des récits de vie de ses habitants, transformant cette transmission orale en créations et véritable ciment social.

Adresse 1 rue Mission-de-France, 13001 Marseille, theatre-oeuvre.com | **Transports en commun** Métro M2, Tram T1, Bus 81, arrêt Noailles | **Horaires d'ouverture** Ouverture selon la programmation. La plupart de ces événements sont à prix libre ou gratuits | **À savoir** Au 19 boulevard Dugommier se trouve un autre lieu de culture… pornographique, celui-là. À l'heure d'internet, le cinéma L'Étoile fait encore de la résistance avec ses 40 ans d'âge et sa grande salle de projection. Au cœur de ses 1 000 mètres carrés se cachent celles qui pourraient être les dernières caves de la ville de l'époque Louis XIV.

102 Les trésors secrets du Lacydon – La Major

Prier en haut, se baigner en bas

Dans le Panier, au bout de l'impasse Sainte-Françoise, se cache une placette dotée d'une improbable chapelle en bois et, au sous-sol, d'une piscine souterraine éclairée par des pavés de verre ! Les messes s'y sont arrêtées en 1991 avec le décès du prêtre Pierre Saisse et le chœur de la chapelle, inutilisé depuis, semble comme figé – jusqu'à peu, les soutanes du Père étaient toujours accrochées aux cintres des placards en piteux état de la sacristie ! Il y a bien eu des tentatives pour faire perdurer les services religieux après sa disparition, mais en vain, car l'association du Lacydon – la Major, propriétaire des lieux, lui a préféré un autre lieu de culte à proximité.

La grande salle intérieure est ornée d'une surprenante mappemonde jaune réalisée par un fidèle à qui l'on doit également le décor des vitraux. On trouve encore des statues du Christ, de la Vierge et des objets de culte recouverts de poussière, laissés à leur place depuis les années 90. Des plaques au mur rendent hommage aux adhérents décédés. Au fond se trouve l'ancienne salle de catéchisme, aujourd'hui pleine à craquer de vestiges d'un autre temps. L'urne de donation qui s'y trouve n'a pas dû voir passer une pièce depuis le passage à l'euro !

L'association utilise encore la partie basse, un ancien cinéma reconverti en dojo, pour des activités culturelles et sportives. On raconte que l'ancien prêtre, dans les années 70, était muni d'un sifflet et lançait un signal au projectionniste lorsque des scènes de films étaient jugées trop subversives. Quant à l'ancienne piscine souterraine de 25 mètres de long, elle est inutilisée depuis les années 80 pour des raisons de norme de sécurité – sa configuration rend le moindre réaménagement impossible. Ce bassin caché, datant de 1967, est une compensation de Gaston Deffere au Lacydon à la suite de la destruction par la mairie de deux bassins de tanneur dans lesquels les enfants se baignaient. Selon la légende, Jean-Paul Belmondo l'aurait utilisé en 1971 lors d'une pause pendant le tournage de Borsalino !

Adresse Impasse Sainte-Françoise, 13002 Marseille, tél. 04 91 90 96 70, lacydon.wifeo.com | Transports en commun Métro M1, arrêt Colbert – Hôtel-de-Région ; Tram T2, arrêt Sadi-Carnot ; Bus 49, arrêt Place-de-Lenche | Horaires d'ouverture La placette est accessible lors de certains événements de l'association ouverts au public. La piscine est condamnée et la chapelle s'ouvrira au bon vouloir de l'un des adhérents | À savoir Juste à côté se trouve La Maison de la Boule et son mini-musée racontant l'histoire des jeux de boules de l'Antiquité à nos jours. Un boulodrome vous permettra de tester votre adresse ou les nouveautés de la marque La Boule Bleue, fondée à Marseille en 1904 (laboulebleue.fr).

103_Le tunnel des 1 000 signes

Trait d'union artistique et urbanistique

À Marseille, certains aménagements urbains sont devenus de véritables frontières géographiques et sociales. Le tunnel Bénédit-Jobin, qui se faufile sous les rails menant à la gare Saint-Charles, est l'un de ces fossés symboliques creusés entre deux quartiers. En remontant la rue Bénédit, on rejoint les quartiers chics encerclant le palais Longchamp et leurs superbes hôtels particuliers du XIXe siècle ou encore les immeubles Art déco du boulevard Montricher. En descendant la rue Jobin, on rejoint la Belle de Mai, un des quartiers les plus pauvres d'Europe, marqué durablement par la fermeture de sa manufacture de tabac fondée en 1868. Un site sauvé de la destruction en 1992 par la réalisation du pôle culturel et média de la friche de la Belle de Mai.

En mars 2013, à l'occasion de Marseille-Provence Capitale européenne de la culture, un projet artistique et de rénovation urbaine, toujours visible, a été inauguré afin de recréer un fil conducteur entre ces deux territoires. Le peintre Frédéric Clavère, originaire du quartier, a ainsi imaginé « le tunnel des 1000 signes », une caverne de hiéroglyphes parée de plus de 450 images peintes sur différentes formes de panneaux routiers. Avec la collaboration des artistes Sylvie Réno, Mayura Torii et Stéphane Protic, les voûtes tristes et grisâtres du tunnel ont été ornées d'icônes multicolores inspirées par les idées de Frédéric Clavère, mais aussi des envies et croquis des habitants, rencontrés lors d'ateliers.

Ces panneaux que chacun peut interpréter librement s'inspirent des codes de la signalisation routière, de symboles, de mythologies, ou encore du graffiti et du tatouage. Ils sont accrochés à 2,50 mètres au-dessus du sol, aussi l'œuvre a-t-elle été incroyablement bien préservée du temps et de la dégradation. Un autre projet artistique de 2013, « ex-voto », sur le tunnel parallèle du boulevard National, un autre trait d'union inauguré le même jour, a quant à lui malheureusement disparu.

Adresse Entre la rue Jobin (3e) et la rue Bénédit (4), Marseille | **Transports en commun** Bus 49/56/582, arrêt Belle-de-Mai – La Friche | **À savoir** C'est l'occasion d'aller explorer la friche de la Belle de Mai, un lieu culturel majeur : 100 000 mètres carrés, 70 structures artistiques et culturelles, des salles de spectacle et d'exposition, des aires de jeux et de sport. À la belle saison, des séances de cinéma et des concerts ont lieu sur son immense toit-terrasse (lafriche.org).

104 L'usine Picon

Ch'ti ? Non, marseillais, avec un grand zeste d'Algérie !

On oublie souvent que les premières usines du célèbre amer Picon se trouvaient ici, à Marseille ! Une première distillerie – dont il ne reste plus trace de nos jours – fut construite en 1882 au niveau de l'actuel cinéma Le Prado. En 1886, on y bâtit une splendide fabrique au cœur d'un ensemble d'immeubles haussmanniens dédié au personnel ainsi qu'aux services administratifs. L'usine avait des allures de sous-préfecture, avec sa verrière de 800 mètres carrés signée Gustave Eiffel et ses façades richement sculptées : têtes de lions de l'Atlas, étoiles, statue de Dionysos, et même le buste du fondateur, Gaétan Picon. Le complexe occupait tout un bloc du 7 au 9 boulevard National, du 57 au 61 rue du Coq et du 34 au 38 rue de la Rotonde. C'est une maladie qui a entraîné la construction de ce bâtiment insolite : après avoir attrapé une fièvre maligne en Algérie, l'apprenti en distillerie Gaétan Picon eut l'idée d'inventer une mixture fébrifuge et désaltérante à base de zestes d'orange, de quinquina et de gentiane macérés dans de l'eau-de-vie. Son élixir, couronné lors de l'Exposition universelle de Londres en 1862, fit sa fortune et lui permit d'acquérir en 1872 un superbe château à Montredon. Ce sont ses héritiers, quatre ans après son décès, qui imaginèrent l'étonnante fabrique. L'usine n'utilisant que les écorces d'oranges, les fruits pelés étaient revendus sur les marchés de Marseille pour une somme modique par des maraîchères surnommées les Picon.

L'histoire de l'usine s'arrêta en 1958. Le complexe fut vendu en copropriété et l'ancienne distillerie acquise un temps par EDF afin d'accueillir un parking pour ses équipes techniques. Aujourd'hui, l'ancien chai, la distillerie et le laboratoire, vides, attendent un projet à la mesure de ce site classé. La superbe salle de bal et l'appartement des Picon appartiennent à des particuliers. Les immeubles du bloc abritent désormais des habitations et des entreprises. Depuis 2020, ils ont retrouvé leur couleur crème éclatante et un graff magistral reprenant une ancienne publicité de la marque a fait son apparition sur la porte de garage de l'usine, redonnant ainsi sa griffe à ce patrimoine industriel oublié.

Adresse 9 boulevard National, 13001 Marseille | **Transports en commun** Tram T2, arrêt National ; Métro M1 et bus 33/33s/34/49, arrêt Réformés-Canebière | **Horaires d'ouverture** Immeubles privés, ne se visitent pas | **À savoir** Non loin de l'usine Picon se trouvait le siège du Comptoir marseillais des rhums, au 3-5 rue Commandant-Mages. On peut encore y lire, gravé dans la pierre, le nom du produit vedette de cette société, le rhum Manikou. Cet autre célèbre alcool marseillais est de nouveau produit par l'arrière-petit-fils du fondateur (www.rhummanikou.fr).

105 La Verrerie

Grains de sable, mémoires d'un quartier

Dans le quartier populaire de Montredon se cache une des dernières authentiques plages familiales de Marseille, accessible par un étonnant et discret passage entre les immeubles. Son nom ? Elle en porte plusieurs, selon l'âge des riverains et leur relation affectueuse avec ce petit bout de sable bordé de cabanons de bric et de broc. Officiellement, c'est « Bonne Brise » ; pour d'autres « à Dédé », en mémoire de sa mythique pizzeria éliminée en 2013 par la loi littoral ; et un autre nom résonne parfois : « de la Verrerie ».

Car justement, du sable, ce territoire en regorgeait. À deux pas fut donc construite en 1823 la verrerie Pons-Grimblot, spécialisée dans le verre à vitre et reliée à la mer par un tunnel passant sous le chemin de la Madrague. En 1881, Charles-Auguste Verminck, armateur, importateur d'arachides et fabricant d'huile, avait besoin pour son activité de bouteilles de verre en grande quantité. Il décida d'acquérir la petite manufacture. Le site prit alors une nouvelle dimension, marquant le quartier de son empreinte. L'usine fonctionnait nuit et jour, alimentée par deux fours à charbon ; près de 400 employés, dont beaucoup d'immigrés italiens et également des enfants, s'y relayaient. En 1900, il en sortait plus de 20 000 bouteilles par jour, parmi lesquelles les flacons de l'apéritif Noilly-Prat et de grosses bonbonnes surnommées les « Dames-Jeannes ». Le personnel vivait dans une cité ouvrière à l'arrière de la manufacture. Au cours des cinquante-quatre années d'activité de la verrerie, il y eut de nombreuses grèves, les ouvriers s'estimant sous-payés par leurs patrons pourtant millionnaires.

En 1935, l'usine de Montredon ferma soudainement pour raisons financières. La même année, un incendie, certainement la vengeance d'employés laissés sur le carreau, ravagea totalement les lieux. Aujourd'hui, il ne reste plus aucune trace de la verrerie, rasée en 1968. Une cité s'y est installée, un boulevard et la fameuse plage aux noms multiples tentent encore de raviver le souvenir douloureux de ce passé industriel.

Adresse Entrée au niveau du 32 boulevard Bonne-Brise, 13008 Marseille | Transports en commun Bus 19/538, arrêt Verrerie | Horaires d'ouverture Accessible 24h/24 | À savoir À droite de la verrerie se cachent trois autres criques très intimes, fréquentées essentiellement par les locaux et les connaisseurs : la petite anse des Sablettes, accessible par un escalier très raide ; puis l'anse des Phocéens, divisée en deux plages, une qui accueillait en 1858 des bains réservés aux hommes et une autre partie qui prit par ricochet le nom de « Bain des dames ».

106 La vigie du Frioul de Béatrice Soulié

Airbn'Galerie

Pour découvrir les étonnantes œuvres des artistes de la galeriste Béatrice Soulié, il faut visiter son très bel écrin de la place aux Huiles. Pendant plus de 60 ans, on franchissait le seuil du no 11 afin de dénicher chez « Maglione » la petite pièce introuvable pour son bateau parmi plus de 10 000 références de quincaillerie de marine. Depuis fin août 2020, tout a changé… ou presque. On y trouve encore l'incroyable mur de tiroirs colorés de 7 mètres de long, confectionné en 1947, conservé dans son jus !

Béatrice Soulié, la nouvelle maîtresse des lieux avait jadis annoncé à l'ancien propriétaire : « Si un jour, vous prenez votre retraite, je vous achète le mur ! » C'est finalement le fameux meuble et son très beau repaire que cette amoureuse de Marseille s'est offert afin d'accueillir les œuvres d'une trentaine de ses artistes et des coups de cœur, tous issus du mouvement « Outsider-Art ». Ces créateurs marginaux et autodidactes ont élaboré leurs œuvres en dehors de l'influence du milieu artistique pour un résultat tout à fait étonnant, parfois proche de l'ambiance des films de Tim Burton.

Mais il existe une façon encore plus insolite d'explorer l'univers des artistes sélectionnés par Béatrice Soulié : on peut admirer leurs œuvres directement dans son antre personnel, au Frioul. Chaque soir, la galeriste prend son « métro », la navette maritime, pour retrouver l'un des plus beaux appartements de l'archipel. Ce duplex abrite une magistrale verrière imaginée par le célèbre architecte multi récompensé André Stern. La vigie offre un incroyable panorama à 270 degrés (soyons précis) sur « le Caillou » et la Méditerranée. La lumière, omniprésente, vient effleurer les œuvres de Sabrina Gruss, de Pierre Amourette, d'Hélène Lagnieu ou encore les cabanes imaginaires de Sylvain Corentin. Deux belles chambres avec terrasses et salles de bain privatives sont à louer pour une escapade hors du temps dans cette galerie à vivre.

Adresse Port Frioul, 13007 Marseille et la galerie Béatrice Soulié, 11 place aux Huiles, 13001 Marseille, galeriebeatricesoulie.com | Transports en commun Navette maritime très régulières vers le Frioul au départ du Vieux-Port, puis 5 minutes à pied, à quelques mètres de la digue Berry construite en 1822 | Horaires d'ouverture Sur réservation, à partir de 50 euros la nuit, deux nuitées minimum. Galerie ouverte du mardi au samedi de 11 h à 13 h et de 14 h à 18 h ou sur rdv | À savoir Pour vivre l'expérience à la mode des Frioulais, un petit plongeon matinal au pied de l'appartement dans les eaux souvent turquoise de la calanque du Grand Soufre s'impose… mais parlez plutôt de la « plage des Pompiers » si vous souhaitez vous la jouer locale !

107 La villa Santa Lucia

L'écrin des rocailleurs

Pénétrer au cœur de ce qui pourrait être l'une des plus belles demeures de la corniche se mérite ! Cet Olympe flottant au-dessus de la plage du prophète est accessible à pied par la montée de la Napoule et ses 300 marches abruptes. Juste avant le sommet, en reprenant son souffle, une première partie de la villa Santa Lucia apparaît, dévoilant un indice sur les trésors qu'elle renferme : « Gaspard Cardini, Rocailleur, 1894 ». Plus haut, un panonceau « monument historique » nous invite à oser sonner dans ce quartier si jalousement protégé. La maîtresse des lieux vous accueille quelques instants avant de vous laisser librement visiter son domaine, muni d'un plan et d'un récit… tout en respectant quelques règles : pas de photos ni de cigarettes, pas d'explorations de la villa et pas de balade hors des sentiers balisés.

En effet, nous sommes ici dans une propriété privée, l'antre secret de l'avocat Jean-Léopold Renard. Depuis sa disparition en 2016, sa famille perpétue sa volonté d'ouvrir au public le plus beau et le plus riche des jardins de rocaille de la ville. Ce mouvement décoratif est apparu dès l'invention du ciment Portland vers 1850. Le parc qui domine magnifiquement la mer a été imaginé sur quatre niveaux en restanques. La déambulation nous transporte dans un univers très créatif entre grottes, cascades, serre, belvédère, galerie, crèche, château fort, salles de fraîcheur et leurs fresques, et même un serpent de béton enroulé autour d'une balustrade.

Le jardin botanique connut un remaniement dans les années 70 sous la houlette du célèbre paysagiste Tobie Loup de Viane. Le domaine se compose de pins centenaires et d'une collection de végétaux méditerranéens (pins parasol, cyprès de Florence, oliviers…) et subtropicaux, parmi lesquelles de nombreuses espèces et essences rares. On aimerait que la visite soit directement effectuée par les propriétaires afin de ressentir toute l'émotion et les moments de vie partagés ici, mais la liberté de venir admirer ce joyau, dont la réhabilitation a reçu le prix spécial de la fondation Prince Louis de Polignac en 2009, est en soi déjà un très beau cadeau.

Adresse 60 traverse Nicolas, 13007 Marseille, tél. 06 22 65 52 05, villasantalucia.mh@gmail.com | Transports en commun Bus 83/583, arrêt Napoule, avant le défi des 300 marches | Horaires d'ouverture Du 15 juin au 30 septembre, le dimanche, lundi, mardi, mercredi et jours fériés de 8 h à 14 h. Durée de la visite, environ 1 heure. Accessible également via des visites de l'association Marseille Autrement (www.marseille-autrement.fr) | À savoir La plage du Prophète tirerait son nom du chanteur lyrique Jean-Vital Jammes, ayant interprété l'opéra *Le Prophète* de Meyerbeer. Il résidait dans la villa Ismaël, située à l'angle de la traverse Ismaël et de la traverse des Bourguignons.

108_Le village abandonné d'Aubignane

Décor pagnolesque

En pleine garrigue, sur les barres rocheuses du Saint-Esprit, le long du sentier Pierre-Tchernia, une étrange arche en pierre posée là sans explications sème le doute sur son origine. On distingue au loin une maison noyée dans la végétation, alors qu'un corps de ferme et son puits sont situés en contrebas. Le domaine ressemble en tout point aux ruines d'un vieux village provençal, mais il est en réalité une pure création des équipes de Marcel Pagnol pour le tournage des films *Angèle* et *Regain*.Ces décors sont signés de Marius Brouquier, un natif du superbe quartier marseillais de la Treille, frontalier des territoires d'Allauch et d'Aubagne. Maçon de formation et vieil ami de Pagnol, il devint le chef décorateur de ses films. Ces artifices ont été inspirés par une ferme voisine du vallon de Marcellin. Il reste aujourd'hui à découvrir les dernières pierres de la maison de Panturle du film *Regain* ou encore celles de la ferme d'*Angèle*. L'église qui jouxtait l'arche a aujourd'hui disparu. La légende raconte que l'édifice était si réaliste qu'un curé aurait voulu y servir la messe ! Le petit village perturba également certains pilotes d'avion qui ne voyaient aucune indication de sa présence sur leurs cartes.

C'est à partir de mars 1937, simultanément avec la réalisation du Schpountz, que les Films Marcel Pagnol se lancent dans les sept mois de tournage de *Regain*, d'après le roman éponyme de Jean Giono, avec Fernandel. L'histoire se concentre sur les trois derniers habitants d'Aubignane, un village isolé, perché, censé se trouver sur un plateau de Haute-Provence. Quant au film *Angèle*, toujours avec Fernandel et Orane Demazis, il met en image *Un de Baumugnes*, un autre ouvrage signé Giono. Ces faux vestiges pittoresques ne font que renforcer la magnificence du paysage. Les collines des alentours renferment nombre de lieux et de vestiges de tournage des films de Marcel Pagnol, toujours ancrés dans les mémoires, et aussi beaucoup de ses souvenirs d'enfance.

Adresse À proximité du col d'Aubignane, 13190 Allauch | **Transports en commun** Bus 12A/12S, arrêt La-Treille puis comptez 45 minutes de marche à pied avec des chaussures adaptées aux cailloux | **Horaires d'ouverture** Accessible 24 h/24 sur place mais aussi sur youtube pour visionner gratuitement *Regain* et *Angèle* avant votre randonnée | **À savoir** Suivez le circuit Marcel-Pagnol pour découvrir d'autres lieux qui ont marqué sa vie et son œuvre : la grotte de *Manon des Sources*, la bastide de son enfance ou la grotte du Grosibou où il venait jouer avec Lili des Bellons.

109 La voie Saint-Théodore

Mémoire enfouie d'un Jarret découvert

C'est au pied de l'ancienne minoterie-semoulerie Saint-Théodore, fondée en 1886 par Nicolas Esprit, ancien propriétaire du château de la Médaille tout proche, que commence cette étonnante déambulation le long de la rivière du Jarret. Ce cours d'eau prenant sa source dans les collines d'Allauch est méconnu, et pour cause : une grande partie fut recouverte par Gaston Deferre afin de devenir l'un des principaux axes de circulation de la ville. Ici, dans les quartiers de la Rose, de la Croix Rouge ou encore de la Bégude, ses eaux étaient dérivées afin d'alimenter domaines bastidaires, cultures maraîchères et horticoles, laiteries, porcheries, biscuiteries, ou encore cette grande manufacture marquant notre point de départ.

On y produisait de la farine de blé, de la semoule, des pâtes, avant sa fermeture en 1970 et sa reconversion en centre communautaire juif. Dès les premiers pas sur cette voie remontant le cours sauvage de la petite rivière, on est surpris par la clarté des eaux poissonneuses, ombragées par une riche végétation, le tout à quelques encablures d'un milieu urbain très dense et de vastes cités bâties à la fin des années 50. Le chemin bucolique parsemé de mûriers et d'arbres centenaires alterne entre une nature préservée et une garrigue sèche jonchée de décharges sauvages !

Mais ce cadre paradoxal à la marseillaise mérite amplement une exploration en attendant un vaste projet de réhabilitation d'ici 2024. Entre les branches se dessinent la bastide la Soleanne, devenue maison de retraite, celle de la Ravelle, fief actuel d'une caserne de CRS, ou encore la silhouette de l'église Saint-Patrice, fondée en 1861. Pénétrant au cœur du parc de la Ravelle, le Jarret offre encore d'autres vestiges de son passé industriel sous la forme de mystérieuses machineries rouillées. En remontant la colline du parc, vers le lotissement de Campagne Haute, l'exploration se termine par un superbe panorama sur l'ensemble de la chaîne de l'Étoile avant de déboucher sur la rue Paul-Preboist, hommage à l'éternel imbécile heureux-du cinéma français des années 60-70.

Adresse Départ du sentier face à l'ancienne minoterie, à l'angle de l'allée des Rouges-Gorges et du boulevard des Bengalis, 13013 Marseille | **Transports en commun** Métro M1, arrêt La-Rose puis 15 minutes à pied ou Bus 4, arrêt Les-Baudillons | **Horaires d'ouverture** Accessible 24 h/24. L'association Marseille Autrement propose ponctuellement cette balade lors d'une passionnante visite guidée (marseille-autrement.fr) | **À savoir** Autour de la Plaine, on peut encore voir au sol des plaques en fonte signées « Les Eaux de la Rose », un rare et précieux liquide acheminé ici en 1840 auprès de 400 habitations grâce à 16 kilomètres de tuyaux en tôle reliés au Jarret et à ses sources attenantes.

110_ Voilerie Phocéenne

Contre vents et marées

« *And the winner is… Paris* ! » Après avoir manqué d'un cheveu l'élection en 2012, c'est bel et bien la capitale française qui accueillera, enfin, les Jeux olympiques d'été en 2024. Grâce à un ricochet sur la Méditerranée, Marseille se retrouvera également dans la lumière avec l'organisation des épreuves de voile autour de la base nautique du Roucas-Blanc, redessinée pour l'occasion par l'architecte océanographe Jacques Rougerie. Face aux villes de Brest, Hyères, La Rochelle, Le Havre ou encore Lorient, la partie n'était pas gagnée, mais Marseille, ville de régates avec notamment la SNIM, la Calanque Classique ou encore la Massilia Cup, a réussi à faire valoir ses arguments de cité nautique. Et sans le savoir, les minots et champions en herbe des écoles du futur bassin olympique manœuvrent avec des voiles imaginées et fabriquées tout près, dans l'anse du Pharo, par un maître en la matière. La Voilerie Phocéenne perpétue depuis 1972 un savoir-faire rare : elle est la plus ancienne voilerie de Marseille, labellisée Entreprise du patrimoine vivant.

Et son atelier en impose ! C'est qu'il en faut de l'espace pour poser et assembler les immenses voiles de croiseurs pouvant aller de 7 à 25 mètres. Pourtant, tout commence sur une simple feuille de papier millimétré, avant que la petite équipe de cette institution marseillaise ne réalise sa création sur mesure, de A à Z, s'affairant au sol, sur le plancher en bois, coupant, montant et apportant les dernières finitions. Ces couturiers du maritime travaillent encore de façon largement artisanale, entre des centaines de bobines de polyester multicolores, de cordages, de manilles, de machines à coudre nichées dans des fosses et de lourdes presses permettant de sertir des œillets.

Mais pour pouvoir fabriquer des voiles de croisière et de régate ou encore réaliser des gréements, il faut comprendre la navigation. Les équipes de la Voilerie Phocéenne sillonnent donc la baie de Marseille, en long, en large et en travers grâce à leur bateau maison. Leur plus belle satisfaction est alors de voguer sur les flots tout en découvrant sur d'autres navires leurs propres voiles gorgées de vent !

Adresse 4 esplanade du Pharo, 13007 Marseille, tél. 04 91 52 85 50, voilerie-phoceenne.eu | Transports en commun Bus 82/82S, arrêt Le-Pharo puis 5 minutes à pied | Horaires d'ouverture Du lundi au vendredi 9 h à 12 h 30 et de 14 h à 18 h 30. Le samedi 9 h 30 à 12 h 30 sur rdv. L'atelier est ouvert au public et la voilerie organise ponctuellement des visites guidées sur demande | À savoir À la pointe du parc du Pharo se dresse le monument dédié aux héros et victimes de la mer. Signé Auguste Carli et inauguré en 1923, il représente trois marins de bronze en plein naufrage, avec vue sur le Vieux-Port.

111 Zeïn

Un spa dans l'ancien Arsenal des Galères

C'est dans un surprenant dédale de couloirs et de petites salles datant du XVIIe siècle que les matériaux les plus nobles du Maroc, comme les zelliges, le noyer de l'Atlas ou les tissus Sabra de Marrakech ont été associés avec cette pierre blonde typique de Provence. Une belle alchimie qui fait probablement de ce hammam le plus original de Marseille. La chaîne de spa Zeïn a toujours aimé se nicher dans des lieux atypiques et historiques : à Rouen, dans un hangar fluvial de 1880 ; à Nantes, dans l'ancienne usine LU ; à Lille, dans une filature de lin du XIXe siècle…

Ici, le choix s'est porté en 2010 sur ces 600 mètres carrés, petite partie de l'Arsenal des Galères construit par Colbert afin d'accueillir et d'armer les navires du roi Louis XIV. Un immense site, ancré dans le Vieux-Port de Marseille, qui ne fut opérationnel que moins de 100 ans. Zeïn a ainsi succédé à une galerie d'art qui n'avait apparemment pas trouvé le succès malgré la beauté des lieux… mais il faut dire que l'adresse est très confidentielle, cachée dans un des petits passages sombres du quai de Rive-Neuve. Difficile d'imaginer que sous terre un grand couloir de pierre mène à une multitude d'embranchements et de petites salles, avec une sortie de secours donnant sur la rue Fort-Notre-Dame, à 60 mètres de là !

Zeïn propose plusieurs salles de hammam où les hommes sont séparés des femmes. Certains espaces deviennent mixtes le week-end pour les couples, et un grand hammam est privatisable. Le spa met à disposition de ses clients de nombreux rituels, dont l'Ancestral, le soin signature de la maison, avec sa séance de hammam à l'eucalyptus, l'enveloppement au savon noir, un gommage au gant kessa, fini par un rinçage traditionnel au seau. Une superbe salle de style oriental permet de se relaxer sur des transats en dégustant des dattes et du thé à la menthe. Bercé par la musique de méditation soufie, on ferme les yeux, détendu, oubliant que ces immenses caves pleines de charme servaient à l'origine d'entrepôts et de stockage d'armes !

Adresse 16 quai de Rive-Neuve, 13001 Marseille, tél. 04 91 59 11 11, marseille.zeinorientalspa.fr | Transports en commun Métro M1, arrêt Vieux-Port ; Bus 82/82s/83/583, arrêt Place-aux-Huiles ; Bus 41/49/55/60/61/80/518/521/540, arrêt Fort-Notre-Dame | Horaires d'ouverture Horaires femmes, lundi et mercredi de 11 h à 21 h, du jeudi au samedi de 11 h à 16 h. Horaires mixtes mardi de 12 h à 20 h, du jeudi au samedi de 16 h à 21 h, dimanche de 13 h à 21 h | À savoir De petites salles de spectacles se cachent dans ces galeries, comme le Badaboum, un théâtre pour jeune public fondé en 1990 dans un ancien hangar à bateaux réhabilité, ou encore Le Quai du Rire et son Espace Kev-Adams, un comédie club inauguré par l'humoriste en 2014 dans des salles voûtées en pierre.

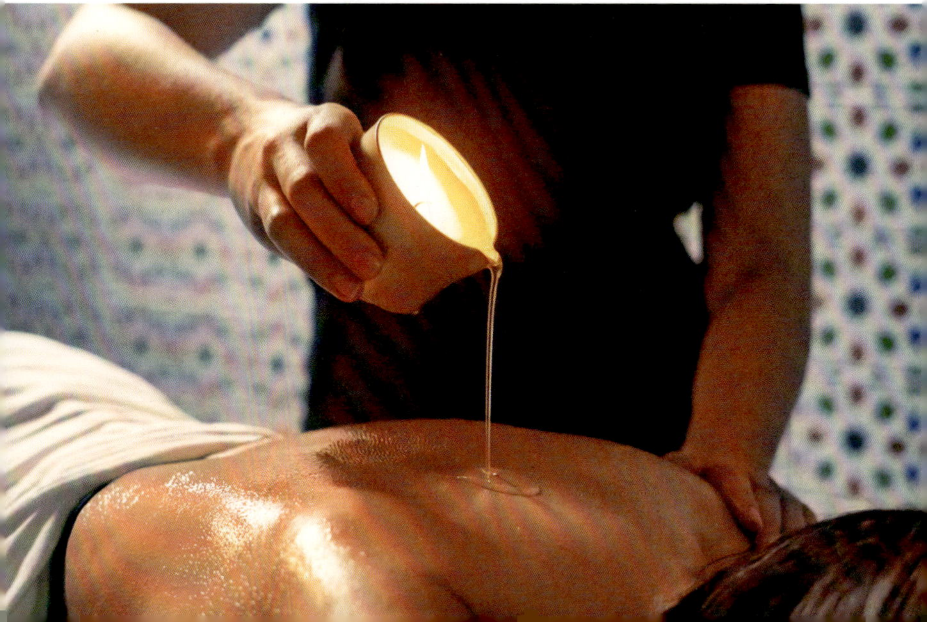

Remerciements

Chaque jour, je savoure ma chance d'avoir rencontré Marseille. Merci à cette cité improbable et aux Marseillais pour leur accueil simple, naturel, qui offre à tous ceux qui aiment Marseille d'en faire leur propre maison. Merci à mon éditeur Emons et à Audrey Hocheder de m'avoir proposé ce passionnant défi. Une tendre pensée pour ma chère maman et mon cher papa qui me manquent, merci de m'avoir toujours poussé, donné le goût de l'exploration et l'envie de regarder le monde au-delà des clichés. Mille mercis à mes enfants, Mïajima et Keiji, qui m'ont suivi dans d'innombrables randonnées, et à ma tendre Machala, qui m'accompagne à présent. Des pensées pour mon cher petit frère et sa jolie famille. Un énorme merci à Danielle, ma première lectrice, et son engagement sans faille. Merci à tous mes amis, ma deuxième famille, pour leur soutien et tous ces moments partagés, hier, à 8 h 8 et demain.

Pour la rédaction de ce guide, un grand merci à Marianne Ruelle pour son incroyable expertise, le capitaine-poète Yannick Long, Serge et Laurence Bruna, Mathias et Béatrice, Jérémy, Caroline et Ortega, Denis Borg to be alive, Caroline et Stéphane, Benoit et Fanny, Lain, Claudine, Théophile, Romain, le docteur Ferdinand, François Mouren-Provensal, Jean Phillip, Christine Breton, François Missen, Christian Qui, Jean-Marc Nardini, Antony Lacanaud, Régis Deretz, Michel Raday, Béatrice Soulié, Jean-Baptiste Sauvage, Patrick Baranowski, Christian Marquette, Franck Garam, Christophe Bouffil Cantoni, Nathalie Werner, les Pères Sid et Syssoev… Merci à Mathieu dont l'ouvrage Mon permis est à Kotonou a été une source d'inspiration. Merci à toutes les équipes des lieux m'ayant chaleureusement accueilli et à tous ceux que j'ai eu la chance de croiser et qui m'ont partagé leur amour de Marseille. Un grand merci aussi à vous d'avoir exploré ce guide jusqu'au bout !

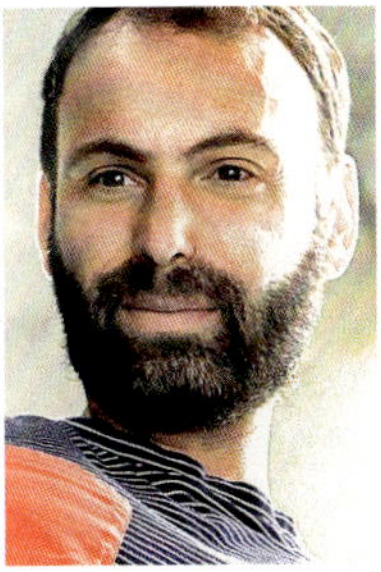

Dominique Milherou, Journaliste dans le milieu de la gastronomie, a poursuivi sa carrière en tant que responsable de la communication-multimédia pour de grands établissements parisiens comme les restaurants de la tour Eiffel ou encore le Lido. C'est en 2012 qu'il décide de rejoindre Marseille avec sa famille et de nombreux amis. Tombé amoureux de sa ville d'adoption, il lance, dès 2013, le blog *Tourisme Marseille* et une carte interactive de la cité phocéenne, fréquentés chaque année par un million d'internautes. Son blog recense aujourd'hui plus de 1 800 lieux. Chroniqueur pour la presse locale, il gère une agence de communication qui œuvre pour des acteurs du secteur de l'hôtellerie et du tourisme. Il conseille également des équipes de tournage pour des documentaires à Marseille et a collaboré en tant que journaliste ou photographe avec l'office national du tourisme de Croatie ou le ministère du Tourisme d'Haïti. Ainsi, il a réalisé des reportages aux États-Unis, à Cuba, au Sri Lanka, en Inde, en Chine, en Malaisie ou encore au Japon.

Jean-Claude Belfiore
111 Lieux à Nantes
à ne pas manquer
ISBN 978-3-7408-1052-8

Hilke Mauder
111 Lieux à Toulouse
à ne pas manquer
ISBN 978-3-7408-1055-9

Sybil Canac, Renée Grimaud,
Katia Thomas
111 Lieux à Paris
à ne pas manquer
ISBN 978-3-7408-0697-2

Thibaut Bernardin
111 Lieux à Strasbourg
à ne pas manquer
ISBN 978-3-7408-1022-1

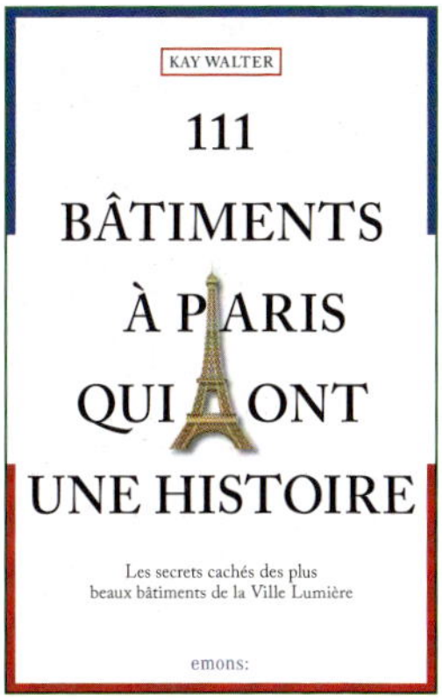

Kay Walter
111 Bâtiments à Paris
qui ont une histoire
ISBN 978-3-7408-1025-2

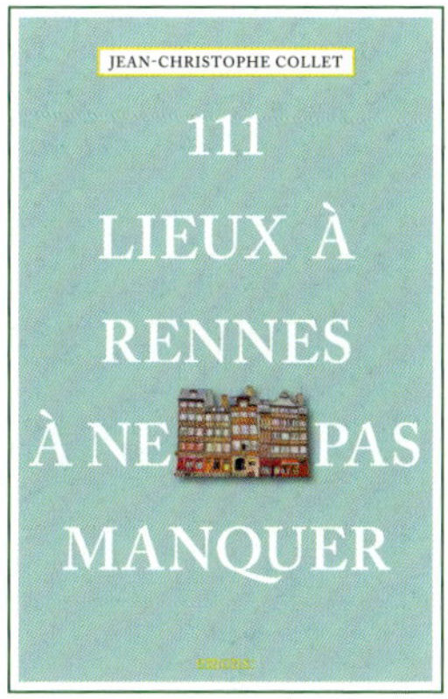

Jean-Christophe Collet
111 Lieux à Rennes
à ne pas manquer
ISBN 978-3-7408-1021-4

Florence Hocheder
111 Lieux en Seine-et-Marne
à ne pas manquer
ISBN 978-3-7408-1050-4

Cécile Amarger, Lucie Mauffrey
111 Lieux en Franche-Comté
à ne pas manquer
ISBN 978-3-7408-1053-5

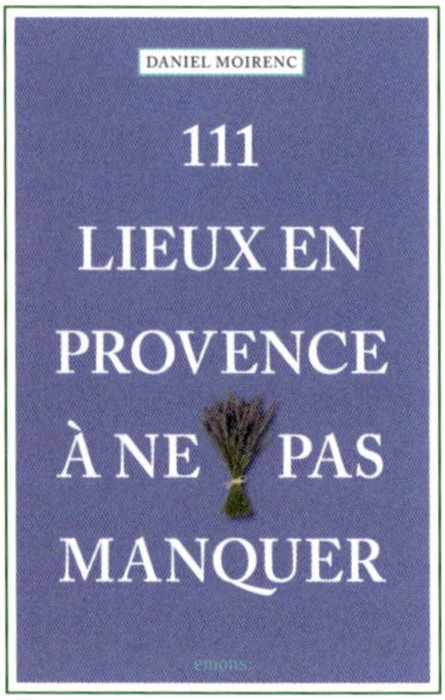

Daniel Moirenc
111 Lieux en Provence
à ne pas manquer
ISBN 978-3-7408-0699-6

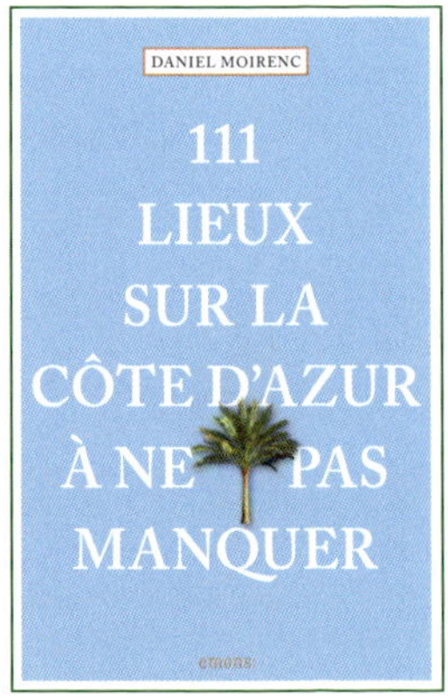

Daniel Moirenc
111 Lieux sur la Côte d'Azur
à ne pas manquer
ISBN 978-3-7408-0700-9

Evelyn Pschak von Rebay
111 Lieux dans les Pyrénées
à ne pas manquer
ISBN 978-3-7408-0809-9

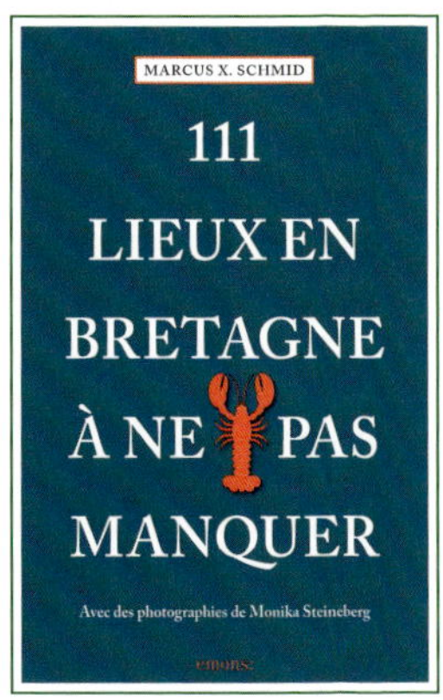

Marcus X Schmid
111 Lieux en Bretagne
à ne pas manquer
ISBN 978-3-7408-0821-1

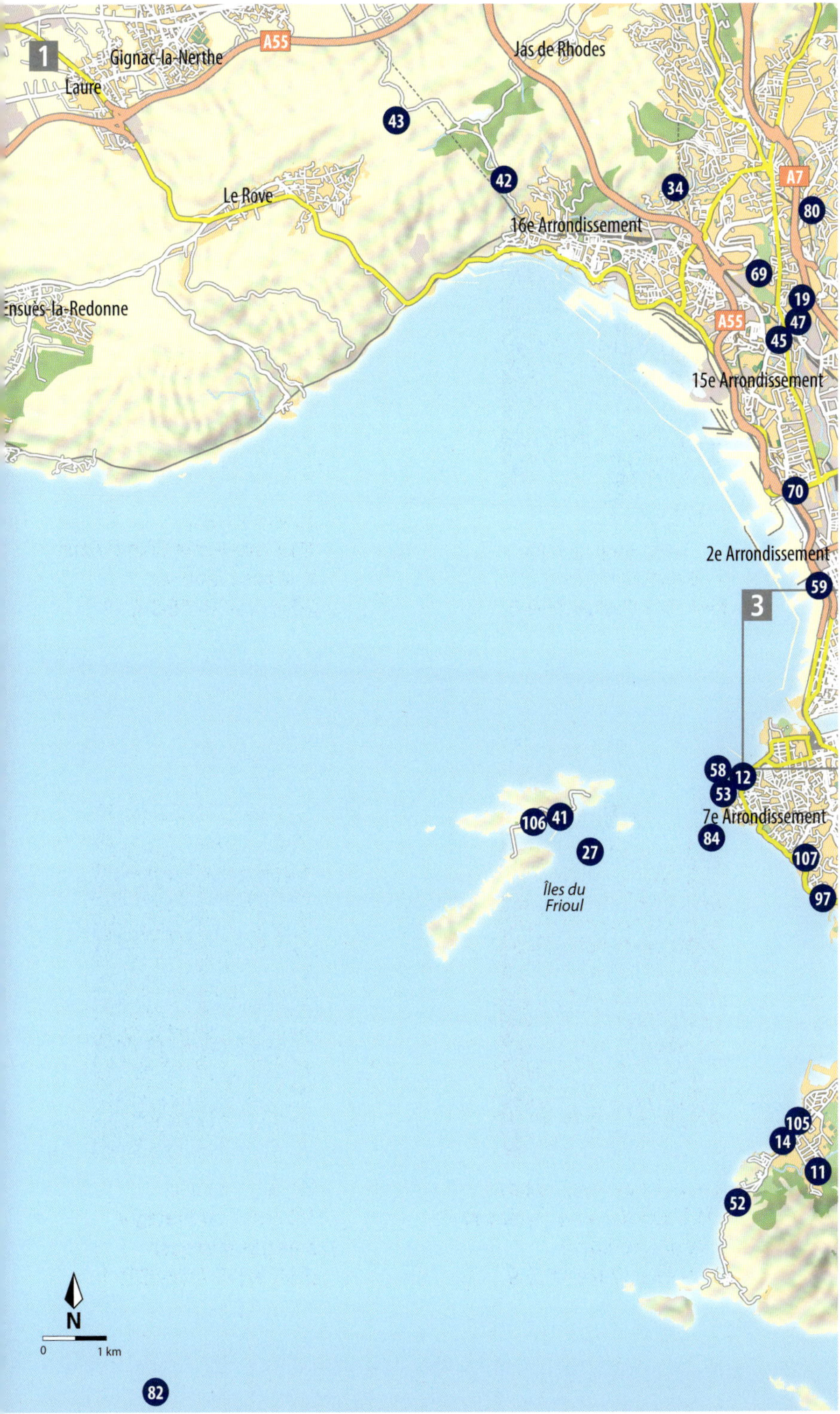
1
Gignac-la-Nerthe
Laure
A55
Jas de Rhodes
Le Rove
16e Arrondissement
A7
Ensuès-la-Redonne
15e Arrondissement
2e Arrondissement
3
7e Arrondissement
Îles du Frioul
N
0
1 km
43
42
34
80
69
19
47
45
70
59
58
12
53
106
41
27
84
107
97
105
14
11
52
82

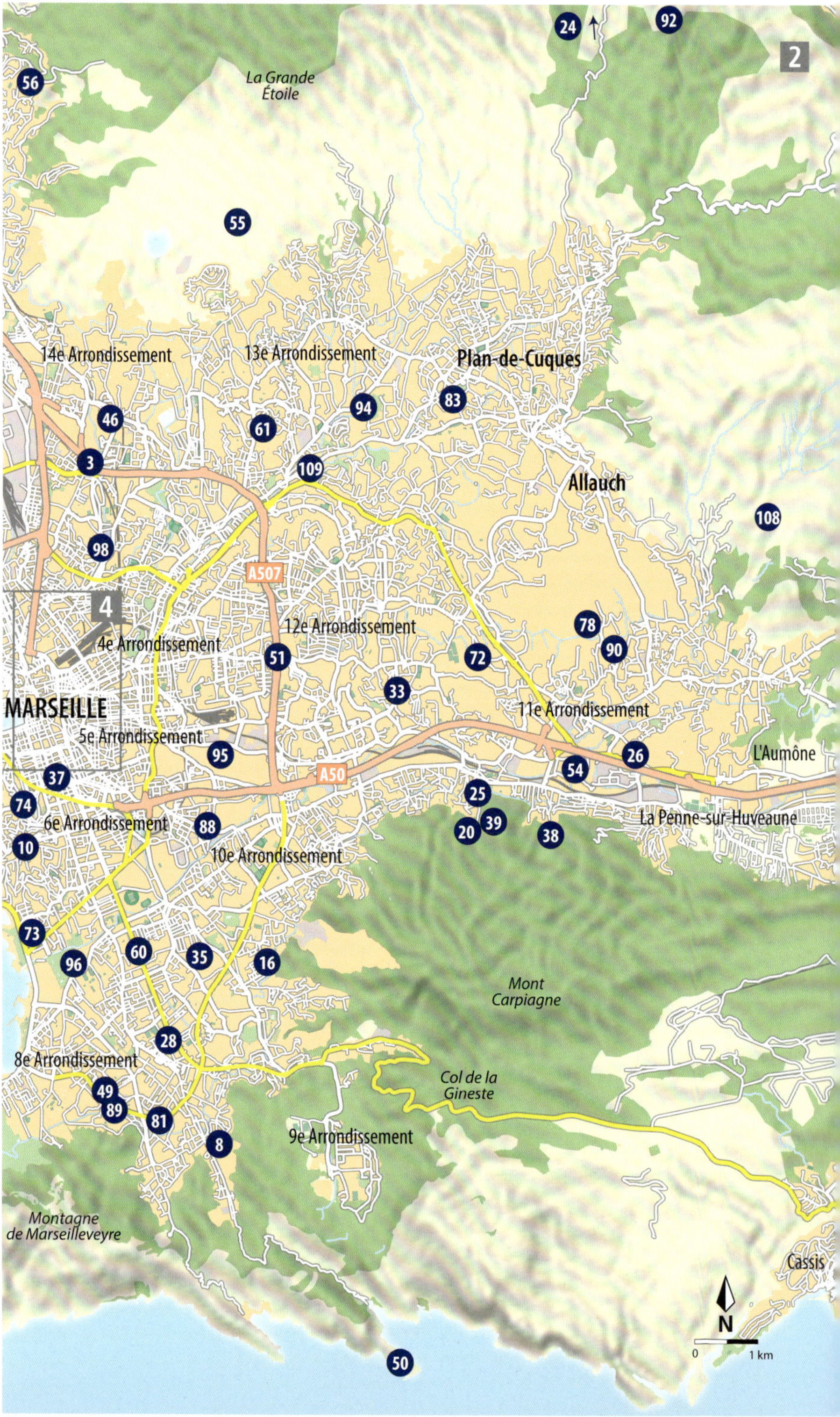
2
La Grande Étoile
14e Arrondissement
13e Arrondissement
Plan-de-Cuques
Allauch
A507
4
4e Arrondissement
12e Arrondissement
MARSEILLE
5e Arrondissement
11e Arrondissement
A50
L'Aumône
6e Arrondissement
La Penne-sur-Huveaune
10e Arrondissement
Mont Carpiagne
8e Arrondissement
Col de la Gineste
9e Arrondissement
Montagne de Marseilleveyre
Cassis
N
0
1 km

3
Boulevard Jacques Saadé Quai du Lazaret
Boulevard de Paris
Boulevard de Dunkerque
Rue de Forbin
Rue Fauchier
Rue de la Joliette
Boulevard des Dames
Rue de la République
Avenue Robert Schuman
Rue de l'Évêché
Avenue Vaudoyer
Rue Caisserie
Quai du Port
Tunnel du Vieux-Port
Quai de Rive-Neuve
Rue Sainte
Boulevard de la Corderie
Boulevard Charles Livon
Avenue Pasteur
Avenue de la Corse
N
0
100 m
77
29
102
91
31
7
93
44
71
87
23
110
17
62
111
4
15
99
36
76

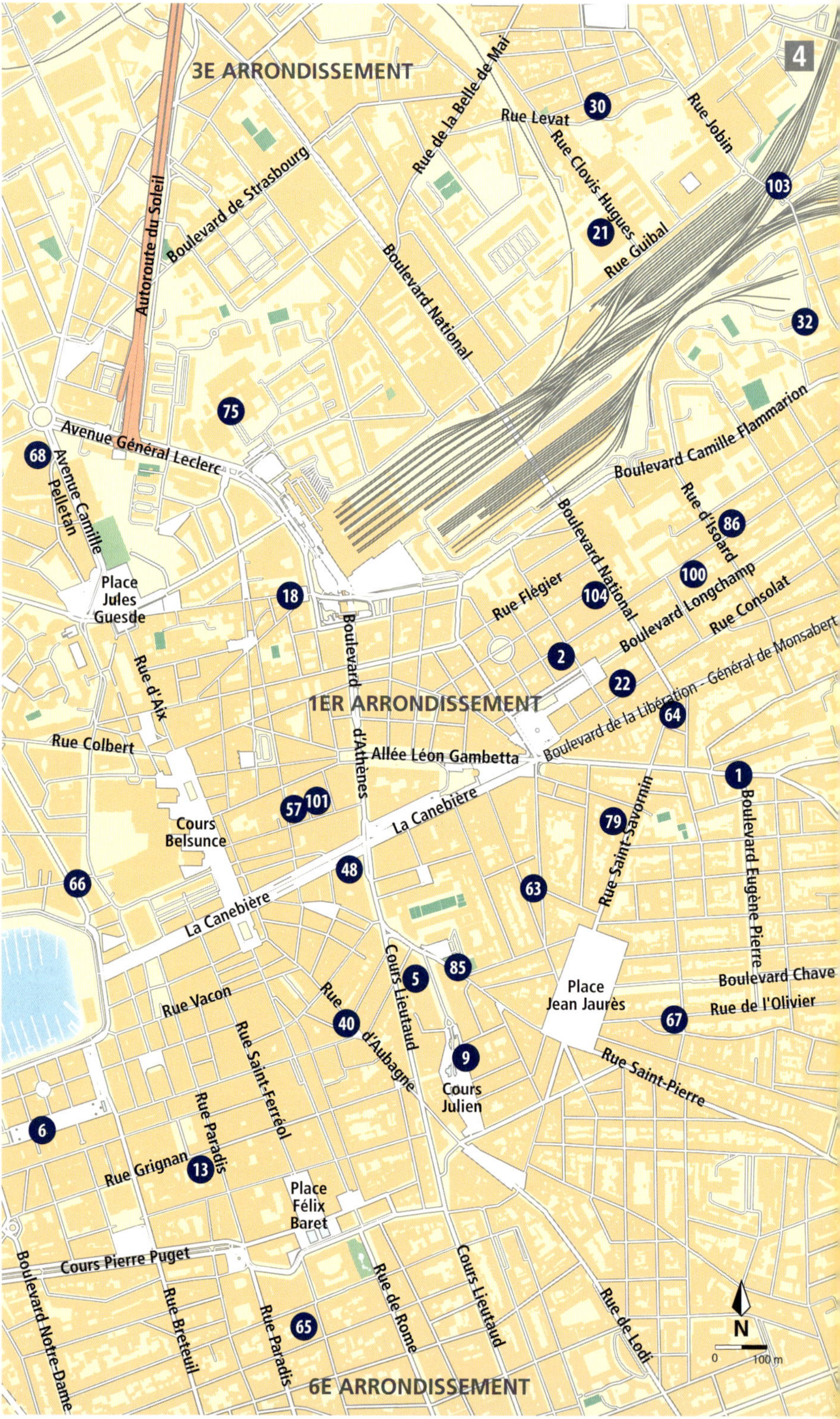
4
3E ARRONDISSEMENT
1ER ARRONDISSEMENT
6E ARRONDISSEMENT
Rue de la Belle-de-Mai
Rue Levat
Rue Clovis-Hugues
Rue Jobin
Rue Guibal
Boulevard de Strasbourg
Autoroute du Soleil
Boulevard National
Avenue Général Leclerc
Avenue Camille Pelletan
Boulevard Camille Flammarion
Rue d'Isoard
Boulevard Longchamp
Rue Consolat
Rue Flégier
Place Jules Guesde
Boulevard d'Athènes
Rue d'Aix
Rue Colbert
Allée Léon Gambetta
Boulevard de la Libération - Général de Monsabert
Cours Belsunce
La Canebière
Rue Saint-Savournin
Boulevard Eugène Pierre
Boulevard Chave
Rue de l'Olivier
Place Jean Jaurès
Rue Saint-Pierre
Cours Lieutaud
Rue d'Aubagne
Cours Julien
Rue Vacon
Rue Saint-Ferréol
Rue Paradis
Rue Grignan
Place Félix Baret
Cours Pierre Puget
Boulevard Notre-Dame
Rue Breteuil
Rue de Rome
Rue de Lodi
N
0
100 m
30
103
21
32
75
68
86
100
104
18
2
22
64
1
57
101
79
66
48
63
85
5
40
67
9
6
13
65